मीरां

कृष्ण की अनन्य आराधिका थीं।

कृष्ण-प्रेम की साधिका थीं।

विरह की प्रतिमूर्ति थीं।

पीड़ा का आगार थीं।

रस का सागर थीं।

मीरां ने अपने मधुर गीतों में अपनी प्रेम-पीड़ा का मादक रस घोल दिया है।

मीरां एक मेघ है, जो बरस जाए तो हम तृप्त हो जाएँ।

उन्होंने स्वयं को कवयित्री सिद्ध करने के लिए कुछ नहीं गाया।

उनके गीत तो उनके भावों की अराजक अभिव्यक्तियाँ हैं।

जब जो भाव उठा, गाया।

जैसा भाव उठा, वैसा गाया।

ऐसी प्रेम-दीवानी मीरां का परिचय पाना अपनी आत्मा में प्रकाश का स्रोत जगाना है।

उनके गीतों का गान करना प्रकाश के मादक स्रोत में स्नान करना है।

आइए, उस स्रोत की खोज में हम भी चलें।

डायमंड बुक्स में

इस सीरीज की अन्य पुस्तकें

महात्मा कबीर - (जीवनी तथा काव्य)..................

प्रेमदीवानी मीरा - (जीवनी तथा काव्य)...............

गुरू नानक देव - (जीवनी तथा काव्य)...............

सूरदास - (जीवनी तथा काव्य)..........................

तुलसीदास - (जीवनी तथा काव्य)......................

प्रेमदीवानी मीरां

डा० गिरिराजशरण अग्रवाल

प्रकाशक : डायमंड पॉकेट बुक्स (प्रा.) लि.
X-30 ओखला इंडस्ट्रियल एरिया, फेस -II
नई दिल्ली- 110020
फोन : 011-40712200
ई-मेल : wecare@diamondbooks.in
वेबसाइ : www.diamondbooks.in
संस्करण : 2025
मुद्रक : (रेप्रो इंडिया)

PREM DEEWANI MEERA
by : Dr. Giriraj Sharan Agrawal

प्रेमदीवानी मीरां

राजस्थान हमारी आस्था, श्रद्धा, समर्पण और त्याग की वह पुण्यभूमि है, जिसने मातृभूमि के लिए प्राणों को उत्सर्ग कर देनेवाले वीरपुत्रों को जन्म दिया। इसी के साथ यहाँ अनेक संत और भक्त भी अवतरित हुए, जिन्होंने अपनी अमृतमयी वाणी से जन-जन के मन को सिंचित किया, समाज को नया जीवन प्रदान किया।

राजस्थान की भक्त-परंपरा में मीरां सर्वोच्च आसन की अधिकारिणी हैं, जिन्होंने अपने मधुर गीतों में अपनी प्रेम-पीड़ा का मादक रस घोल दिया।

इन गीतों में जन्म-जन्म से संचित प्रेम और प्रियतम से न मिलने की तड़प ने अभिव्यक्त होकर जन-जन के हृदयों के विरह-सागर में स्नान किया है।

मीरां श्रीकृष्ण की अनन्य आराधिका थीं।
कृष्ण-प्रेम की साधिका थीं।
विरह की प्रतिमूर्ति थीं।
पीड़ा का आगार थीं
रस का सागर थीं

प्रेमरस का पान करनेवाली, कृष्ण के लिए दीवानी मीरां का संबंध राठौड़ों की एक उपशाखा मेड़तिया वंश से था।

राठौड़ वंश के आदिपुरुष के संबंध में तो निश्चित रूप से नहीं कहा जा सकता, परंतु राजस्थान में जोधपुर के राठौड़ राजवंश के आदिपुरुष सीहा जी थे।

वे कन्नौजराज जयचंद्र के पौत्र बताए जाते हैं।

इन्हीं राव सीहाजी की वंश-परंपरा में राव जोधाजी हुए। उन्होंने वर्तमान जोधपुर को बसाया।

राठौड़ों की मेड़तिया शाखा के प्रवर्तक राव दूदाजी इन्हीं राव जोधाजी के चतुर्थ पुत्र थे।

राव दूदाजी की दो रानियाँ थीं। उनसे पाँच पुत्र और एक पुत्री का जन्म हुआ। इनमें से चौथे पुत्र का नाम रत्नसिंह था।

मीरां इन्हीं रत्नसिंह की पुत्री थीं।

स्थानीय किंवदंतियों के अनुसार, मीरां की माता का नाम कुसुम कुँवर था। वह टाँकली राजपूत थीं।

मीरां बच्ची ही थीं कि उनकी माँ का देहांत हो गया। तब राव दूदा जी ने मीरां को मेड़ते में अपने पास बुला लिया।

मीरां का जन्म कब हुआ, इस विषय में मीरांकालीन कोई प्रामाणिक साक्ष्य उपलब्ध नहीं है। उनकी रचनाओं में भी ऐसा कोई उल्लेख नहीं मिलता है, जिसके आधार पर उनकी जन्मतिथि का निश्चित निर्णय किया जा सके।

विभिन्न स्रोतों से प्राप्त सामग्री, तिथि-गणना तथा ऐतिहासिक घटनाओं के साक्ष्य के आधार पर डा. प्रभात ने मीरां की जन्मतिथि श्रावण सुदी 1 शुक्रवार, संवत् 1561 निर्धारित की है।

मीरां को धार्मिक भावना विरासत में प्राप्त हुई।

उनके ताऊ वीरमदेव परम भक्त थे।

उनकी भक्ति-भावना की प्रशंसा प्रसिद्ध भक्तों ने की है।

मीरां के पितामह दूदाजी भी धर्मात्मा व्यक्ति थे। वे उदार वैष्णव थे। उन्होंने मेड़ता में चतुर्भुजाजी के मंदिर का निर्माण कराया था।

भक्त पितामह के कारण मीरां के परिवार में धार्मिक भावनाओं की प्रधानता स्वाभाविक थी। मीरां में भगवत-प्रेम के संस्कार बचपन से ही विद्यमान थे।

मीरां के मन में गोपाल कृष्ण के प्रति इतना लगाव कैसे पैदा हुआ? उन्हें अपने आराध्य गोपाल की मूर्ति कैसे प्राप्त हुई? इस विषय में एक घटना अत्यधिक प्रसिद्ध है।

एक बार किसी की बारात जा रही थी।

मीरां के मन में जिज्ञासा हिलोरें लेने लगी।

बाजे की आवाज़ को सुनकर उन्होंने रनिवास की ऊपरी मंज़िल से नीचे झाँककर देखा।

उन्होंने बारात की ओर इशारा करते हुए अपनी माँ से पूछा, 'यह क्या है?'

'यह बारात है।' माँ ने सहज भाव से उत्तर दिया।

'बारात क्या होती है माँ?' मीरां ने जिज्ञासा प्रकट की।

माँ ने मीरां की उत्सुक जिज्ञासा को शांत करते हुए कहा, 'बारात वह होती है, जिसमें वर और उसके परिवार वाले कन्या के घर बाजे-गाजे के साथ जाते हैं।'

एक और प्रश्न मीरां ने किया, 'यह वर क्या होता है, माँ?'

माँ ने समझाया, 'वर वह लड़का होता है, जिसका किसी कन्या से विवाह होता है।'

मीरां बारात और वर को उत्सुकता से देखने लगी। उसने विचार किया कि कन्या तो वह भी है। जब हर कन्या का वर होता है तो उसका भी कोई वर अवश्य होगा।

जब उसे निश्चय हो गया तो उसने माँ से एक

सवाल किया, 'माँ, मेरा वर कौन है?'

माँ इस प्रश्न के लिए बिलकुल तैयार नहीं थी। क्या उत्तर दें इस भोले प्रश्न का? मीरां थी कि बार-बार एक ही प्रश्न कर रही थी, 'मेरा वर कौन है?'

परेशान माँ की दृष्टि कक्ष में स्थापित गिरिधर गोपाल की मूर्ति पर पड़ी।

बच्ची मीरां को बहलाने का एक उपाय उनके मन में कौंध उठा।

उन्होंने गोपाल की मूर्ति की ओर संकेत कर दिया, 'यही है तुम्हारा वर।'

माँ ने सोचा कि अबोध बालिका के अजान प्रश्नों से मुक्ति पाने का सबसे सरल उपाय यही है।

किंतु मीरां! उसने तो गिरिधर गोपाल को अपने मन और प्राण दोनों अर्पित कर दिए।

मन-ही-मन उसने गिरिधर गोपाल को अपना आराध्य मान लिया।

गोपाल श्रीकृष्ण का रंग मीरां पर कितना गहरा छा गया था इसका प्रमाण उनकी निम्नलिखित पंक्तियाँ हैं। उन्होंने स्वप्न में गोपाल के साथ अपने परिणय की कथा इस प्रकार कही है–

माई री म्हांने सुपने में परण गया गोपाल।
राती पीरी चूनर पहरी महंदी पान रसाल।।
कांई करूँ और सँग भाँवर म्हांने जग जंजाल।
मीरां प्रभु गिरधर न लाल सूँ, करी सगाई हाल।।

गिरिधर का वरण करके मीरां चिर सुहागिनी बन गईं। समय-चक्र चलता रहा।

शैशव बीता, किशोरावस्था ने क़दम रखा।

मीरां अपने जीवन के बारह वसंत देख चुकी थीं।

माता का देहांत हुए कई वर्ष व्यतीत हो चुके थे।

पिता चिंतित थे कि अच्छा वर मिल जाए और वे बेटी के हाथ पीले कर दें। अंततः राणा साँगा के पुत्र भोजराज के साथ मीरां का संबंध निश्चित हो गया।

12 वर्ष की अनुभवहीन, कल्पनाशील अवस्था में विवाह की वेदी पर बैठा दी जानेवाली यह कन्या शायद विवाह के मधुर अर्थ को भी नहीं जानती होगी।

संवत् 1573 में मीरां का विवाह संपन्न हो गया।

12 गाँव की जागीरदार की पुत्री मीरां का विवाह उस समय के शक्तिशाली और प्रतिष्ठित राज्य के राजकुमार से हुआ था। सामान्य रूप से यह बात अस्वाभाविक सी लगती है, किंतु इसके कुछ महत्त्वपूर्ण कारण थे।

एक तो यह कि मीरां के रूप-लावण्य तथा गुणों की चर्चा राज-परिवारों में थी। दूसरे मीरां राठौड़ वंश की थीं। क्षत्रियों का वह वंश अत्यधिक प्रतिष्ठित माना जाता था।

तीसरा और महत्त्वपूर्ण कारण राजनीतिक था।

राणा साँगा के परिवार में आंतरिक कलह थी।

उनकी रानियों में भी कई प्रकार की विरोधी इच्छाएँ विकसित हो रही थीं।

राणा के सात पुत्ररत्न हुए—पूर्णमल्ल, भोजराज, पर्वतसिंह, रत्नसिंह, विक्रमादित्य, कृष्णसिंह, उदयसिंह।

उदयसिंह और विक्रमादित्य की माता रानी करमेती और रत्नसिंह की माता धनाई में गहरी अनबन थी। राणा साँगा 'हिंदूपति' तो अवश्य बन गए थे, किंतु उन्हें अपने व्यापक सम्मान, शक्ति और राज्य की रक्षा के लिए सेना की ही नहीं, कूटनीति की भी आवश्यकता थी।

उस समय राणा के सबसे प्रबल विरोधी राजपूत-राज्य जोधपुर के राठौड़ थे। राणा की चतुरता इस बात में थी कि राठौड़ परिवार के सब राज्यों को एकत्रित और संगठित न होने दें। मेड़ता का राजनीतिक महत्त्व उनकी स्थिति के कारण ही नहीं, दूदाजी के पराक्रम और उनकी कूटनीतिज्ञता के कारण भी था।

अत: राणा ने मेड़ता से विवाह-संबंध स्थापित करके उसे राजनीतिक और पारिवारिक संबंध-सूत्र में बाँध लेना उचित समझा और हुआ भी यही।

मीरां के विवाह के पश्चात् मेड़ता के राजा मारवाड़ राज्य के विरुद्ध मेवाड़ के राणाओं का साथ देते रहे।

विवाह के समय घर में सभी प्रसन्न थे। किंतु मीरां का मन था, जहाँ खुशी का कोई भाव न था। उनका रोम-रोम रो रहा था।

आँखों का ज्वार रुकता न था।

रोते-रोते आँखें सूज गईं।

फेरों के पूरा होते ही वह दौड़कर अपने कक्ष में पहुँचीं और साँवलिया कृष्ण की मूर्ति के सामने सिर झुका दिया।

उनका मन विद्रोह कर रहा था।

विदा-बेला निकट आ गई।

बहुत भारी आवाज़ में उन्होंने पिता से कहा, 'यह गिरिधर गोपाल की मूर्ति भी मेरे साथ-साथ जाएगी।'

बात मान ली गई।

इस प्रकार गिरिधर तथा मीरां की डोली उठी और वह राणा की पुत्रवधू बनकर चित्तौड़गढ़ जा पहुँची।

इस लौकिक विवाह का सुख मीरां के भाग्य में नहीं था।

यौवन के प्रभात में ही सौभाग्य का सूरज छिप गया।

पति ने बड़े प्यार से उनके भाल पर सिंदूर अंकित किया था। वह अनजाने लुट गया।

भरी तरुणाई में कुँवर भोजराज की जीवनलीला समाप्त हो गई।

समाज के लिए मीरां विधवा हो गईं।

तत्कालीन राजस्थान में पति की मृत्यु हो जाने पर पत्नी के सती हो जाने का नियम था। स्त्रियों के सती होने का एक सामाजिक कारण भी था। उस समाज में हिंदू-नारी के लिए वैधव्य सबसे बड़ा अभिशाप बन गया था।

पति की मृत्यु के समय मीरां के सामने भी यही प्रश्न उठाया गया। संभव है कि राणा सांगा ने उनसे कहा हो अथवा भावी राणा रत्नसिंह ने संकेत किया हो, किंतु मीरां सती नहीं हुईं।

मीरां का सांसारिक सौभाग्य-सिंदूर पुँछ गया था, किंतु गिरिधर के अखंड सौभाग्य का रंग सदा के लिए उन पर छा गया।

उनके जीवन की सारी क्रियाएँ, राग-विराग से मुक्त हो एकमात्र अपने आराध्य कृष्ण में ही एकनिष्ठ हो गईं। मीरां के किसी भी पद में पति शोकजन्य उद्‌गार न मिलने का यही कारण है।

उनका लौकिक विरह कृष्ण-प्रेम का विकल विहाग बनकर उनके गीतों में फूट पड़ा। वह आनंदमय हो गईं।

एक दार्शनिक का यह गीता-दर्शन कितना सार्थक है :

'हमारे सुख-दुख, हमारी इस भ्रांति से जन्मते हैं कि जो भी मिला, वह रहेगा। प्रियजन आकर मिलता है, तो सुख मिलता है, लेकिन जो आकर मिलेगा, वह जाएगा। जहाँ मिलन है, वहाँ विरह है।'

मिलने में विरह को देख लें तो उसके मिलने का सुख विलीन हो जाता है। जो जन्म में मृत्यु को देख ले उससे जन्म की खुशी विदा हो जाती है, उसकी मृत्यु का दुःख विदा हो जाता है।

और जहाँ सुख और दु:ख विदा हो जाते हैं, वहाँ जो शेष रह जाता है, उसका नाम ही आनंद है। आनंद सुख नहीं है। आनंद सुख की बड़ी राशि का नाम है। आनंद सुख के स्थिर होने का नाम नहीं है, आनंद मात्र दु:ख का अभाव नहीं है। आनंद मात्र दु:ख से बच जाना नहीं है, आनंद सुख और दु:ख दोनों से ही ऊपर उठ जाता है। दोनों से ही बच जाना है।'

संघर्षों के सागर की एक नाव

मीरां के श्वसुर राणा साँगा परम उदार और स्नेही व्यक्ति थे।

उनके जीवनकाल में मीरां का वैधव्य अधिक कष्टपूर्ण न रहा।

दूसरे, मीरां के पिता रत्नसिंह भी जीवित थे। वे राणा के अत्यंत विश्वस्त एवं वीर सहायकों में से थे।

बनयाना के साँगा-बाबर युद्ध* में रत्नसिंह काम आए। उसी युद्ध में बहुत अधिक घायल हो जाने के कारण राणा साँगा का भी स्वर्गवास हो गया।

इसके बाद मीरां के जीवन की संघर्षपूर्ण कहानी आरंभ हुई।

विषमताओं और विरोधों ने उनके जीवन का इतिहास लिखा।

भौतिक जीवन से वैराग्य की ओर प्रस्थान का नया युग आरंभ हुआ।

उनकी साधना और धीरता की परीक्षा के लिए समय सामने आकर खड़ा हो गया।

संघर्षों के सागर में डूबती-उतरती मीरां के लिए कृष्ण का नाम और साधु-संगति ही एकमात्र सहारा था। भावुकता के ऐसे ही क्षणों में वे गा उठीं–

* चैत्र शुक्ल 14, संवत् 1554

मेरे तो गिरधर गोपाल, दूसरो न कोई।
जाके सिर मोर मुकुट, मेरो पति सोई

मीरां का मन कृष्ण-भजन में लीन हो गया।

साधु-संतों की सेवा उनका धर्म बन गया।

साधु-संतों के पहुँचने पर लोक-लाज का परित्याग करके वह उनके आदर-सत्कार में लग जातीं।

ईश-दर्शन के लिए वे अनेक बार मंदिरों में चली जातीं और प्रेम के आवेश में पैरों में घुंघरू बाँधकर हाथों में करताल लेकर भगवान के सामने गाने और नाचने लगतीं।

मीरां के रूप, यौवन और वैधव्य तीनों एकत्र हो गए थे। यह सामंजस्य समाज की दृष्टि में जड़ता और संदेह की चिंगारियों को अनायास जन्म देता था।

राजकीय मर्यादाओं को भंग करके मीरां जिस प्रकार साधु-संतों से सत्संग करती थीं, वह राजपरिवार के लोगों को भी सहन नहीं हो रहा था।

साधुओं को दान-दक्षिणा दी जाए, इस विषय में भी किसी को आपत्ति न थी।

मंदिरों का निर्माण कराया जाए, इस विषय में भी विरोध न था, किंतु पराए व्यक्तियों के साथ बैठकर भजन गाना और उनकी उपस्थिति में नृत्य करना किसी को सह्य न था।

इससे राजकीय मर्यादा को चोट पहुँचती थी, किंतु कृष्ण-प्रेम की दीवानी मीरां इस स्थिति से बेख़बर थीं।

मीरां तो मान-अपमान की सीमा से ऊपर उठ चुकी थीं।

ये सामान्य सी बातें उनकी किसी क्रिया में बाधा न पहुँचा सकीं।

राणा साँगा के स्वर्गवास के बाद रत्नसिंह को

राणा बनाया गया, किंतु परिवार की आंतरिक कलह और राजनीतिक चालों के कारण संवत् 1588 में उनकी मृत्यु हो गई।

मीरां उसी राठौड़ परिवार की थीं, जिस परिवार की राणा रत्नसिंह की माँ थीं। दूसरे, रत्नसिंह अपने पिता राणा साँगा के समान वीर और सदाशय भी थे।

इसलिए राणा रत्नसिंह के राज्यकाल में मीरां को अधिक कष्ट नहीं हुआ।

रत्नसिंह के बाद विक्रमादित्य को मेवाड़ का राणा बनाया गया।

शासन करने के लिए वह नितांत अयोग्य था।

विलासिता उसके जीवन का अंग थी।

आत्मश्लाघा उसका स्वभाव था।

निरर्थक अहंकार उसके चरित्र की विशेषता थी।

क्रूरता उसके अंग-अंग में समाई हुई थी।

राणा बनते ही उसकी कुदृष्टि ने मीरां के रूप-सौंदर्य को देखा। आत्मा के तापों का शमन करनेवाली मीरां की भक्ति पर उसकी निगाह न पहुँच सकी।

भक्तिन मीरां की यश-गाथा जन-जन के हृदय पर अधिकार कर रही थी।

साधु-संतों की टोलियाँ प्रतिदिन आती थीं।

साँवरे के रंग में रंगी मीरां प्रिय की मूर्ति के आगे आत्मविभोर हो जातीं और अनायास उनके पैर नृत्य करने लगते।

राणा विक्रम का अहंकार आंदोलित हो उठा।

क्रूरता क्रीड़ारत हो गई।

और अविवेक के ऐसे ही क्षणों में राणा ने अपने सलाहकार बीजावर्गी जाति के महाजन मुसाहिब को बुलाया।

षड्यंत्र की योजना तैयार की गई।*

इस षड्यंत्र में सहयोगी बना–दयाराम पंडा।

❑

मीरां के द्वार पर दयाराम पंडा ने गुहार की।

सेविका ने सहज भाव से पंडा को प्रणाम किया।

'कैसे आगमन हुआ महाराज?' सेविका ने प्रश्न किया।

पंडा ने प्रतिप्रश्न किया, 'रानी जी उपस्थित हैं?'

'जी कहिए, क्या सेवा की जाए?'

'कोई विशेष बात नहीं है। हाँ, राणाजी ने रानी जी के लिए चरणामृत भेजा है।' स्वर्णपात्र को दिखाते हुए उस पंडा ने कहा।

मीरां स्वयं द्वार पर उपस्थित हो गईं।

उनके आराध्य का चरणामृत आया है, उनके लिए।

धन्य भाग्य उनके!

सेविका आगे बढ़ी। इससे पहले कि सेविका उस पात्र का स्पर्श करती, मीरां ने स्वयं कटोरा ग्रहण कर लिया।

---

*राजस्थान में इस संबंध में एक जनश्रुति प्रचलित है : बीजावर्गी जाति का मुसाहब राणा का सलाहकार था। उसने राणा को सुझाया कि मीरां का अंत विष देकर सरलता से हो सकता है। उनके कारण उत्पन्न समस्याएँ उनके साथ स्वतः समाप्त हो जाएँगी। सलाह के साथ उसने इस काम का उत्तरदायित्व भी स्वयं लिया और मीरां को चरणामृत के नाम से विष दे दिया। मीरां को यह बात तुरंत ज्ञात हो गई और उन्होंने उस बीजावर्गी को शाप दिया कि जिस माया के लिए तूने यह दुष्ट कार्य किया है, वह तेरे कुल में न रहेगी और जब रहेगी तो उसे भोगनेवाली संतान न होगी। मेवाड़ के बीजावर्गी बनियों की दुरवस्था का कारण इसी शाप को माना ज़ाता है।)

चरणामृत का पात्र उनके हाथों में था और वे उसके आगे नतमस्तक थीं।

वे साँवलिया की मूर्ति के पास बैठ गईं।

उन्होंने साँवलिया को स्मरण किया।

चेहरे पर अलौकिक आभा जाग्रत हो उठी।

होंठों पर मुस्कान खेलने लगी।

आँखें मूँदे हुए ही उन्होंने कटोरा अपने होठों से लगा लिया।

पंडाजी का सारा शरीर काँप उठा।

भयानक पाप की ज्वाला में उनकी आत्मा तक व्याकुल हो उठी।

मीरां शांत भाव से बैठी हुई थीं।

पंडा उनके चरणों में गिर गया।

'मैंने घोर पाप किया है, रानी जी! यह चरणामृत नहीं था, यह घातक विष था। मैं विवश था, रानी जी। मैं क्या करता?' पंडा रुदन कर रहा था।

मीरां ध्यानमग्न थीं।

सेविका स्तंभित थी।

प्रकृति में कोई हलचल नहीं थी। सब कुछ सामान्य था। मीरां ने धीरे से आँखें खोलीं और वह गा उठीं :

राणाजी थे ज़हर दियो है म्हे जांणी
जैसे कंचन दहत अगनि में, निकसत बरबांणी
लोक-लाज कुल-काण जगत की, दई बहाय जस पांणी
अपने घर का परदा कर ले, मैं अबला बौरांणी
तरकस तीन लग्यो मेरे हियरे, गरक गयो सनकांणी
सब संतन पर तन-मन बारों, चरण-कँवल लपटांणी
मीरां को प्रभु राखि लई है, दासी अपनी जांणी।।

(हे राणा जी! आपने मुझे मारने के लिए विष दिया, यह बात मैंने जान ली है, परंतु इस अग्नि-परीक्षा से मेरे प्रेम की शुद्धता ही प्रमाणित हुई है। जैसे सोना आग पर तपकर कुंदन हो जाता है तथा अपने विशुद्ध रूप में दमकने लगता है, उसी प्रकार मेरी प्रेम-साधना भी परीक्षा की अग्नि-ज्वाला में जलकर और अधिक उज्ज्वल हो गई है।

मैंने अपने कृष्ण-प्रेम के लिए लोकलज्जा और कुल की मर्यादा को पानी की तरह बहा दिया।

राणा जी आप अपने घर की चिंता कीजिए। परदा करवाना है तो अपनी रानी से करवाइए। मुझ पर आपकी ज़ोर-ज़बरदस्ती उचित नहीं। मैं तो एक अबला हूँ और फिर कृष्ण-प्रेम की दीवानी हूँ।

मेरे हृदय में कृष्ण रूपी तरकस से छूटा हुआ प्रेम-बाण लग गया है। वह बहुत ही गहरा चला गया है। उसने मेरे मर्म को बेध दिया है। मैं पागल-सी हो गई हूँ।

मैंने अपना तन-मन सब कुछ संतों पर निछावर कर दिया है। मैं एकमात्र अपने आराध्य श्रीकृष्ण के चरण-कमलों से लिपट गई हूँ।

मीरां कहती हैं कि हे प्रभु। मुझे अपनी दासी समझकर ही स्वीकार कर लीजिए।)

विषपान करके भी मीरां की मृत्यु नहीं हुई, यह निर्विवाद है।

मीरां ने इसे अपने आराध्य गिरिधर गोपाल का अनुग्रह माना।

'आपुन गिरिधर न्याव कियौ यह, छान्यौ दूध रू पानी।'

मीरां के लिए विष चरणामृत बन गया।

उसे पीकर मीरां प्रेम की कसौटी पर खरी सिद्ध हुईं।

यह मीरां के अटल विश्वास और प्रेम की शक्ति थी, जिससे वह प्रेम-दीवानी उस गरल को पचा गईं।

विज्ञान के युग में इस घटना पर प्रश्नवाचक चिह्न लगाया जा सकता है, किंतु विष से बच जाना भी

असंभव नहीं है। संभव है कि वह विष प्राणघाती न रहा हो। आज भी अनेक व्यक्ति विषपान करके जीवित बच जाते हैं।

यह भी संभव है कि राज-परिवार के किसी शुभचिंतक ने राणा के आदेश का पालन तो किया हो, किंतु वास्तविक विष न भेजा हो।

जो भी हो, प्रेमोन्मादिनी मीरां ने उसका कारण गिरिधर गोपाल, साँवलिया कृष्ण के प्रताप को स्वीकार किया और गा उठीं :

पग घुँधरू बाँध मीरां नाची रे
मैं तो अपने नारायण की आपहिं हो गई दासी रे
लोग कहें मीरां भई बाबरी, सासु कहें कुल नासी रे।
पग घुँघरू बाँध मीरां नाची रे।
विष का प्याला राणाजी भेज्या पीवत मीरां हाँसी रे।
मीरां के प्रभु गिरिधर नागर सहज मिले अविनासी रे।
पग घुँघरू बाँध मीरां नाची रे।

इस घटना से राणा के अहंकारी मन पर ज़ोर की चोट पड़ी।

वह तिलमिला उठा।

उसका शंकित मन बार-बार विचार करता था कि क्या वास्तव में ऐसा हो सकता है?

क्या कालकूट विष किसी के लिए अमृत बन सकता है?

वह अपने सलाहकार और सहयोगी पर शंका भी तो नहीं कर सकता।

क्या वास्तव में मीरां ने विष पचा लिया?

क्रूर मन के नीचे दबे हुए सदय मन में हलचल मचने लगी।

एक हिलोर-सी उठी कि मीरां के चरण पकड़ ले, किंतु क्रूर मन फिर भी प्रभावी सिद्ध हो गया।

नहीं, इतनी जल्दी नहीं।

यह तो पराजय होगी। पराजय का विचार आते ही वह उत्तेजित हो उठा।

एक और षड्यंत्र की रचना की गई।

❑

मोतियों से झिलमिलाती पिटारी लिए दासी द्वार पर खड़ी हुई थी।

मीरां के पास सूचना भेजी गई। मीरां श्रीकृष्ण के ध्यान में लीन थीं।

ध्यान भंग हुआ तो सेविका ने समाचार दिया, 'राणाजी ने कोई उपहार भेजा है।'

'क्या है इसमें?' मीरां ने विनम्र प्रश्न किया?

'कह रहे थे कि इसमें शालिग्राम की सुंदर मूर्ति है।'

शालिग्राम का नाम सुनकर मीरां गद्गद् हो गईं।

भक्तिभाव के साथ मीरां ने पिटारी को मस्तक से लगा लिया।

जैसे ही मीरां ने पिटारी का ढक्कन उठाना चाहा, दासी चीख़ उठी, 'मत खोलिए रानी जी! मत खोलिए इसे! मुझे जो भी चाहें दंड दे दीजिए। इसमें शालिग्राम नहीं है, इसमें भयंकर विषधर सर्प हैं।

मीरां ने जैसे कुछ सुना ही नहीं था।

भावसागर में डूबते हुए उन्होंने पिटारी का ढक्कन हटा दिया।

दासी फटी-फटी आँखों से उसी ओर देख रही थी।

यह क्या? इसमें तो वास्तव में शालिग्राम की प्रतिमा है।

खड़ी न रह सकी दासी। मीरां के चरणों में गिरकर क्षमा-प्रार्थना करने लगी।

मांरा ने अपना अभय हस्त उसके मस्तक पर रख

दिया। धन्य हो गई दासी।*

मीरांबाई के संबंध में उल्लिखित उक्त घटनाएँ एक निश्चित तथ्य की परिचायक हैं कि पति की मृत्यु के उपरांत उनका पारिवारिक जीवन अत्यधिक कष्टपूर्ण रहा।

विषपान अथवा सर्पदंश द्वारा मीरां को मृत्यु की गोद में सुला देने के ये प्रयास राणा-परिवार की आंतरिक कलह और परस्पर संघर्ष की परिणति हैं।

इस संघर्ष का एक स्पष्ट कारण मीरां का संत-साहचर्य और मुक्त-भाव से कीर्तन में सम्मिलित होना रहा होगा। तत्कालीन सामंती-व्यवस्था किसी राजवधू को इतनी स्वतंत्रता देने के लिए तत्पर नहीं थी। उसके लिए यह मर्यादा उल्लंघन और चरित्र-स्खलन मात्र था।

मीरां की उन्मुक्तता राजपरिवार की सहन-सीमा से बाहर थी। मीरांबाई ने अपने पदों में अनेक स्थलों पर इस प्रकार के संकेत दिए हैं, जो राणा की संशयालु प्रवृत्ति तथा मीरां के प्रति उनके दुर्भाव के परिचायक हैं :

---

* राणा ने मीरां के पास पिटारी में साँप भेजा था। इसके प्रमाणस्वरूप मीरां के अनेक पद उपलब्ध हैं :

(क) साँप पिटारो राणाजी भेज्यो, मीरां हाथ दियो जाय,
हँस-हँस मीरां कंठ लगायो, यौ म्हारे नौसर हार।

(ख) डब्बा खोली मीरां जब देख्यो हो गए शालिग्राम,
जय जय ध्वनि सब संत सभा भई, कृपा करी घनश्याम।

(ग) मेरे राणाजी मैं गोविंद गुण गाना,
डबिया में फिर काली नाग भेजा,
मैं शालिग्राम कर जाना।
मीरां प्रभु की प्रेम दिवानी, मैं साँवलिया कर पाना।)

राणा जी म्हांने या बदनामी लागे मीठी
कोई निंदो, कोई बिंदो, मैं चलूँगी चाल अनूठी

मीरां के पदों में स्वजनों द्वारा किए गए असह्य अत्याचारों की व्यापक अभिव्यक्ति हुई है। एक पद में तो उन्होंने अपनी सास, ननद और देवर द्वारा किए जानेवाले उत्पीड़न का उल्लेख किया है। वह कहती हैं :

हेली म्हांसूं हरि बिन रह्यो न जाय।
सास लड़ै मेरी ननद खिजावै, राणा रह्यो रिसाय।
पहरो भी राख्यो चौकी बिठार्‌यो, ताला दियो जुड़ाय।

(हे सखी, मुझसे कृष्ण बिना रहा नहीं जाता। मेरे इस कृष्ण-प्रेम के कारण सभी स्वजन मुझसे अप्रसन्न हैं। सास मुझसे लड़ती है, ननद क्षुब्ध रहती है तथा राणा जी मुझ पर क्रोध किए हुए बैठे हैं। उन्होंने मुझ पर पहरा रखा तथा मेरी निगरानी के लिए चौकियाँ बिठाईं। यहाँ तक कि मुझे तालों में भी बंद कर दिया)

प्रभु-पथ की अनुगामिनी

एक विधवा नारी के लिए, भले ही वह राजकुल की वधू क्यों न हो, यह संषर्घ या विरोध कितना मर्मभेदी रहा होगा, इसकी कल्पना सहज ही की जा सकती है।

द्रौपदी की तरह अपने ही परिवार में उनका अपमान हो रहा था।

प्रह्लाद के समान उनके अपने कहलाने वाले लोग उनकी मृत्यु के लिए प्रयासरत थे।

ऐसी स्थिति में चित्तौड़ से मीरां का मन ऊब गया।

वह तो प्रेम-पथ की पथिक थीं। श्रीकृष्ण की अनुगामिनी थीं।

उन्मुक्तता उनका स्वभाव था।

धैर्य उनकी नियति बन गया था।

विश्वास उनका संबल था। कृष्ण-दर्शन की अदम्य

इच्छा उनके रोम-रोम में समाई हुई थी।

साँवलिया गिरिधर गोपाल के रंग में रँग जाने के लिए मीरां ने चित्तौड़ को सदैव के लिए त्याग दिया।

त्याग और समर्पण ही तो उनकी साधना की परिणति थी।

सर्वप्रथम, उन्होंने अपने आराध्य की क्रीड़ाभूमि वृंदावन के लिए प्रस्थान किया।

कृष्ण प्रेम की उस दुर्निवार स्रोतस्विनी के आगे लोग और कुलाचार के सभी कूल ढह गए।

वृंदावन के सौंदर्य और सुरम्य वातावरण ने मीरां का मन मोह लिया :

आली म्हांने लागे वृंदावन नीको।
घर-घर तुलसी ठाकुर पूजा, दरसन गोविंद जी को।

किंतु दरद दीवानी मीरां को वहाँ भी चैन न मिला। वृंदावन से मीरां अपने आराध्य की कर्मभूमि द्वारका आईं। भगवान् रणछोड़ ने उनको मोहित कर लिया। वृद्धावस्था उनके निकट आ चुकी थी। ब्रह्मलीन होने की इच्छा बलवती हो उठी

और एक दिन :

अपने प्राणों का नैवेद्य अर्पित करती हुई वह अंत में भगवान रणछोड़ के चरणों में लीन हो गईं।

16 साहित्य विहार
बिजनौर (उ०प्र०)

डा० गिरिराजशरण अग्रवाल

पद-क्रम

अब तो हरि नाम लौ लागी

अब तो हरि नाम लौ लागी
सब जग को यह माखनचोर, नाम धर्‌यो बैरागी।

कहँ छोड़ी वो मोहन मुरली, कहँ छोड़ी सब गोपी।
मूँड मुँडाई डोरि कहँ बाँधी, माथे मोहन टोपी।

मातु जसुमति माखन कारन, बाँध्यो जाको पाँव।
स्याम किशोर भये नव गोरा, चैतन्यतां को नाँव।

पीतांबर को भाव दिखावै, कटि कोपीन कसै।
दास भक्त की दासी मीरां, रसना कृष्ण रटे।

मीरां कहती हैं कि मैंने अब तो हरि के नाम से लगन लगा ली है। मेरा कृष्ण सारे संसार में माखनचोर के नाम से प्रसिद्ध है जबकि उसने वैरागी नाम धारण किया हुआ है।

पता नहीं, वह अपनी मुरली कहाँ छोड़ आया और उसने अपनी सारी गोपियों को कहाँ छोड़ दिया है। उसने सिर मुँडवाकर न जाने कहाँ डोर बाँधी है। अब उसके माथे पर मन मोहित करनेवाली टोपी भी नहीं है।

उसके माखन चुराने के कारण माता यशोदा ने उसके पैरों को बाँध दिया था। वही श्यामल श्रीकृष्ण अब गोरे हो गए हैं और उनका नाम चैतन्य हो गया।

उसने पीतांबर को महत्त्व न देकर कमर पर कौपीन (लंगोटी) धारण कर ली है। मीरां तो भक्तों के दासों की भी दासी है। मेरी जिह्वा पर तो सदैव उसी का नाम रहता है।

अब न रहूँगी तोरी हटकी

राणा जी! अब न रहूँगी तोरी हटकी।
साध संग मांहि प्यार लागै,
लाज गई घूँघट की।

पीहर मेड़ता छोड़ा आपन,
मूरत निरत दोऊ चटकी।
सतगुर मुकुर दिखाया घट का,
नाचूँगी दे दे चुटकी।

हार सिंगार सभी ल्यो अपना,
चूड़ा कर की पटकी।
मेरा सुहाग अब मोकूँ दरसा,
और व जाने घट की।

महल किला राणा मोंहि न चाहिए,
सारी रेशम पट की।
हुई दिवानी मीरां डोलै,
केस लटा सब छिटकी।

हे राणा जी, अब मैं तुम्हारे रोके से रुकनेवाली नहीं हूँ। मैं तो साधुओं के पास ज़रूर जाऊँगी, क्योंकि उनकी संगत मुझे भली लगती है। मेरे घूँघट की लाज जाती रही।

मैंने अपने पीहर मेड़ता को भी त्याग दिया है। अब तो मुझ पर स्मरण और नाच की धुन सवार हो गई है।

सतगुरु ने मेरा दर्पण मुझे दिखाकर मेरा अज्ञान दूर कर दिया है। अब तो मैं चुटकी बजा-बजाकर नाचा करूँगी।

राणा जी, अपना हार-श्रृंगार वापस ले लो। मैंने हाथ का चूड़ा भी पटका दिया है। मुझे अपना वास्तविक सुहाग दिखाई दे गया है। किसी और के हृदय को जानने की मुझे आवश्यकता नहीं है।

राणा जी, तुम्हारा महल और किला मुझे नहीं चाहिए।

रेशमी कपड़े की साड़ी भी अपने पास रख लो। मीरां कहती है, मैं कृष्ण की दीवानी बनकर मारी-मारी फिरती हूँ।

मेरी केश-लटाएँ भी छितरा गई हैं।

इक अरज सुनो मोरी

इक अरज सुनो मोरी,
मैं किन संग खेलूँ होरी।

तुम तो जांय विदेसाँ छाय,
हमसे रहै चितचोरी।
तन आभूषण छोड़्यो सब ही,
तज दियो पाट पटोरी।
मिलन की लग रही डोरी।

आप मिल्या बिन कल न परत हैं,
त्याग दियो तिलक तमोली।
मीरां रे प्रभु मिलज्यो माधव,
सुणज्यो अरज मोरी।
दरस बिण बिरहणी दोरी।

मेरे कान्हा, मेरी एक विनती सुनो। तनिक मुझे यह तो बताओ कि मैं किसके साथ होली खेलूँ?

तुम तो विदेश जाकर बस गए हो और मेरा हृदय भी चुराकर ले गए। तुम्हारे वियोग में मेरा यह हाल हो गया है कि मैंने सारे आभूषणों का परित्याग कर दिया और साज-श्रृंगार में मेरा मन नहीं लगता। तुमसे मिलन की आस की डोरी अभी टूटी नहीं है।

तुमसे मिले बिना मुझे चैन मिलनेवाला नहीं है। अब न बिंदिया लगाती हूँ और न पान खाती हूँ। हे मीरां के प्रभु! मेरे माधव आकर मिलो और मेरी विनती सुन जाओ। तुम्हारे दर्शन बिना यह विरहिणी अत्यंत दुःखी है।

कहाँ तू जासी

ऐसी लगन लगाय कहाँ तू जासी।

तुम देखे बिन कल न परति है
तलफ-तलफ जिव जासी।

तेरे खातिर जोगण हूँगी
करवत लूँगी कासी।

मीरां के प्रभु गिरधर नागर
चरण कँवल की दासी।

हे प्रिय! प्रेम की ऐसी लगन लगाकर आप कहाँ जाओगे?

आपके दर्शन किए बिना मुझे एक पल का भी चैन नहीं मिलता। अब तो आपके वियोग में तड़प-तड़पकर प्राण ही निकल जाएँगे।

हे प्रियतम! मैं आपके कारण जोगन बन जाऊँगी और काशी करवत ले आरे से कटकर मर जाऊँगी।

हे मीरां के गिरिधर गोपाल प्रभु, मैं तो आपके ही चरण-कमलों की दासी हूँ।

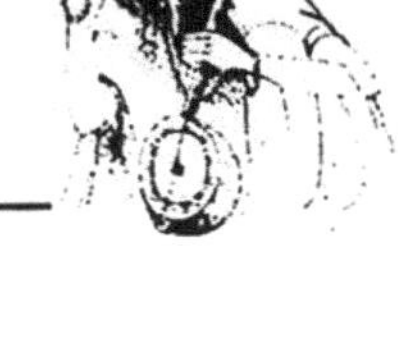

कहा करूँ, कित जाऊँ

कहा करूँ, कित जाऊँ मोरी सजनी,
वेदन कूण बुझावै।
विरह-नागन मोरी काया डसी है,
लहर-लहर-जिव जावै।
जड़ी कौन घस लावै।

को है सखी-सहेली सजनी,
पिया कूँ प्रभु कबरे मिलोगे,
मनमोहन मोहि भावै।
कब हँसकर बतलावै।

मेरी प्यारी सखी! अब तू ही बता कि मैं क्या करूँ? कहाँ जाऊँ? इस विरह की आग को कैसे शांत करूँ? विरह की नागिन ने मेरी काया को डस लिया है। उसका विष मेरे अंग-अंग में फैलता जा रहा है। इस विरह के विष का प्रभाव दूर करने के लिए कौन जड़ी को घिसकर लाएगा?

मेरी सभी सखियों में कौन-सी सखी ऐसी है, जो मुझे प्रियतम से मिला देगी। मीरां कहती हैं कि मेरे आराध्य प्रियतम! तुम मुझसे कब मिलोगे? मनमोहन! मैं तुम पर मोहित हो गई हूँ। तुम कब मुझसे प्रेमपूर्वक हँस-हँसकर बात करोगे?

काहे आए मतवारे बादल

मतवारो बादर आए रे,
हरि को सनेसो कवहुँ न लाये रे।
दादर मोर पपइया बोलै,
कोयल सबद सुनाये रे।

कारी अँधियारी बिजली चमकै,
बिरहनि, अति डरपाये रे।
गाजै बाजै पवन मधुरिया,
मेहा अति झड़ लाये रे।

कारी नाग बिरह अति जारी,
मीरां मन हरि भाये रे।

आकाश पर मतवाले बादल आए हैं किंतु अपने साथ हरि का संदेश नहीं लाए। मेढक और पपीहे की बोलियाँ सुनाई देने लगी हैं। कोयल का स्वर भी गूँज रहा है।

ऐसे मादक वातावरण में जब काली अँधेरी रात में बिजली कौंधती है तो यह विरहिणी बहुत डर जाती है। गरजती और शोर मचाती पवन मंद-मंद बह रही है और मेह की अनवरत झड़ी लगी है।

विरह का काला नाग अत्यंत दाहक है। उसकी दाह से मेरा अंग-अंग सुलग रहा है। फिर भी मैं यह सब चुपचाप सह रही हूँ, क्योंकि मीरां के मन को हरि भा गया है।

किन संग खेलूँ होली

किन संग खेलूँ होली,
पिया तज गए हैं अकेली।

माणिक मोती सब हम छोड़े,
गल में पहनी सेली।
भोजन भवन भलो नहिं लागै,
पिया कारण भई गैली।
मुझे दूरी क्यों म्हेली।

अब तुम प्रीति और सो जोड़ी,
हम से करी क्यों पहेली।
बहु दिन बीते अजहुँ न आये,
लग रही तालाबेली।
किन बिलमाए हेली।

स्याम बिना पियड़ो मुरझावे,
जैसे जल बिन बेली।
मीरां को प्रभु दरसण दीज्यो,
जनम-जनम की चेली।
दरस बिन खड़ी दुहेली।

मेरे प्रियतम मुझे बिल्कुल अकेला छोड़कर चले गए हैं। प्रियतम के बिना मैं किसके साथ होली खेलूँ? मैंने अपने सभी मूल्यवान रत्नों को त्याग दिया है और गले

में संन्यासियों की माला पहन ली है। अपने प्रिय के वियोग में मुझे न तो भोजन अच्छा लगता है और न ही भवन सुखकर प्रतीत होता है। अपने प्रियतम के पीछे मैं पागल हो गई हूँ। मैं अभी तक इस बात को नहीं समझ पाई कि प्रियतम ने मुझे अपने से दूर क्यों किया हुआ है?

हमें ऐसा लगता है कि आपने किसी अन्य के साथ प्रेम-संबंध स्थापित कर लिया है। यदि आपको हमारे साथ ऐसा ही व्यवहार करना था तो पहले हमारे साथ प्रेम का संबंध क्यों स्थापित किया था? अब तो बहुत दिन बीत चुके हैं और आप हमारे पास लौटकर नहीं आए हैं। इसी कारण मेरा मन अत्यधिक व्याकुल हो रहा है। न जाने किसने मेरे भोले-भाले प्रियतम को लुभा लिया है?

अपने प्रियतम श्याम के वियोग में मेरा मन उसी प्रकार मुरझा रहा है, जिस प्रकार पानी के अभाव में बेल मुरझा जाती है। मीरां कहती हैं कि हे प्रभु! मैं आपकी जनम-जनम की दासी हूँ, इसलिए मुझे अपने दर्शन दीजिए। आपके दर्शन के बिना मैं अत्यधिक दुःखी और व्यथित हो रही हूँ।

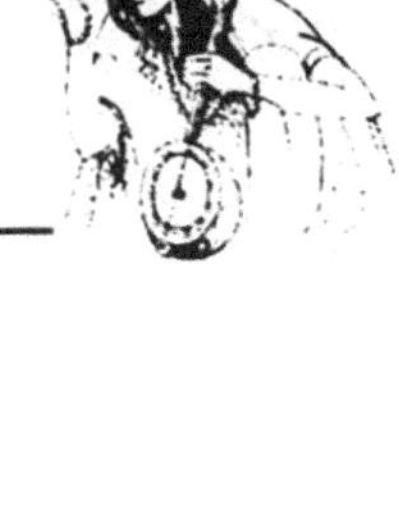

कैसे जिऊँ री माई

कैसे जिऊँ री माई,
हरि बिन कैसे जिऊँ री।

उदक दादुर पीनवत है, जल से ही उपजाई।
पल एक जल कूँ मीन बिसरे, तलफत मर जाई।

पिया बिन पीली भई रे, ज्यों काठ घुन खाय।
औषध मूल न संचरै, रे बाला बैद फिरि जाय।

उदासी होय बन-बन फिरूँ, रे बिथा तन छाई।
दासी मीरां लाल गिरधर, मिल्या है सुखदाई।

मेरी माई कैसे जिऊँ! हरि के बिना जीना कठिन हो गया है।

क्या मेढक पानी के बिना जीवित रह सकता है? नहीं, वह पानी में पलता है, पानी में पैदा होता है। मछली एक पल पानी से दूर रहे तो तड़प-तड़पकर मर जाती है। पिया के बिना देखो, मेरा भी कैसा हाल हो गया है।

पिया बिन ऐसी पीली पड़ गई हूँ, जैसे काठ को घुन ने खा लिया हो। औषधि मेरी मूल व्याधि का निदान करने में असमर्थ है। वैद्य आता है और निराश होकर वापस चला जाता है।

तुम्हारे वियोग में मैं उदास होकर वन--वन भटकती फिरती हूँ। हे गिरिधरगोपाल, मीरां तो आपकी दासी है। मैंने आप जैसे सुखदायक से नाता जोड़ लिया है, किंतु आप मेरी सुध क्यों नहीं लेते हो?

कोई कहियौ रे प्रभु आवन की

कोई कहियौ रे प्रभु आवन की।
आवन की, मनभावन की।

आप न आवै, लिख नहिं भेजै
बांन पड़ी ललचावन की।

ए दोइ नैन कह्यौ नहिं मानैं
नदियाँ बहै जैसे सावन की।

कहा करूँ नाहिं बस मेरो
पाँख नहीं उड़ जावन की।

मीरां कहैं प्रभु कबरे मिलोगे
चेरी भई हूँ तेरे दावन की।

कोई तो मेरे स्वामी से आने की बात कहे। मेरे मनभावन प्रियतम से आने का निवेदन करे।

मेरे प्रियतम न तो स्वयं आते हैं और न कोई संदेश भेजते हैं। उन्हें तो ललचाने की आदत-सी पड़ गई है।

मेरे ये दोनों नेत्र मेरा कहना नहीं मारते, समझाए नहीं समझते। परिणामतः इनसे सावन जैसी नदियाँ प्रवाहित हो रही हैं (आँखें निरंतर आँसू बहाती रहती हैं)।

मैं क्या करूँ? मेरा अपने पर वश नहीं रहा है। अतः मैं उड़कर भी आपके पास नहीं आ सकती।

मीरां कहती हैं कि हे प्रभु! आप कब मिलेंगे? मैं तो आपके दामन की दासी हूँ।

को बिरहणि दुःख जाणै हो

को बिरहणि दु:ख जाणौ हो।

जा घट बिरहा सोई लखिहै
कै कोई हरिजन मानै हो।
रोगी अंतर बैद बसत है
बैद ही ओखद जाणै हो।

बिरह-करदि उरि अंतरि माँही
हरि विणि सब सुख कानै हो।
दुगधा आरण फिरै दुखारी
सुरत बसी सुत माँनै हो।

चातग स्वाति बूँद मन माँही
पीव-पीव उकलाणै हो।
सब जग कूड़ो, कंटक दुनिया
दरद न कोई पिछाणै हो।

मीरां के पति आप रमैया
दूजो नहिं कोइ छानै हो।

विरहिणी के मन का दु:ख कौन जानता है?

विरह-व्यथा को तो वही जानता है, जिसके हृदय में कभी विरह की पीड़ा हुई हो अथवा वह भक्त, जो अपने प्रभु के दर्शन बिना व्याकुल रहता है। जैसे रोगी के मन में

सदैव अपने प्राणदाता वैद्य का ध्यान रहता है, वैद्य ही रोगी की उपचार-आषधि भी जानता है, उसी प्रकार मेरा वैद्य (साँवलिया कृष्ण) भी मेरे हृदय में बसा हुआ है।

मेरे अंतर्मन को विरह की कटारी काट रही है। श्रीकृष्ण के बिना मुझे सुख क्योंकर मिल सकते हैं? जैसे हाल की ब्याही दुधारू गाय दिन-भर जंगल में व्याकुल घूमती है, उसके मन में प्रतिपल अपने बछड़े की याद बसी रहती है, वैसे ही मेरे मन में प्रियतम कृष्ण बसे हुए हैं।

जैसे चातक का मन स्वाति की बूँद में बसा रहता है। उसी के लिए व्याकुल होकर वह रात-दिन 'पीउ-पीउ' की रट लगाए रहता है। वैसे ही मैं भी अपने प्रियतम के दर्शनों के लिए लालायित हूँ। यह संसार छल-कपटपूर्ण एवं कुटिल है। मेरी पीड़ा को नहीं समझता है।

हे रमैया! आप ही मीरां के पति हैं। आपको छोड़कर मेरा कोई भी नहीं है।

गिरधर रूसणूँ जी कौन गुनाह

गिरधर रूसणूँ जी कौन गुनाह।
कछु इक ओगुन काढ़ो म्हां छै,
म्हें जी कानाँ सुणा।

मैं दासी थारी जनम-जनम की,
थे साहिब सुगणाँ।
काई बात सूं करवौ रूसणूँ,
क्यों दुख पावौ छौ मना।

किरपा करि मोहि दरसण दीज्यो,
बीते दिवस घणाँ।
मीरां रे प्रभु हरि अबिनासी,
थांरो ही नांव गणाँ।

हे मेरे गिरिधर! मैंने ऐसा कौनसा अपराध किया है कि आप मुझसे रूठ गए हो। मेरा कोई एक अवगुण तो बताओ, जिसे मेरे कान भी सुन सकें।

मैं आपकी जनम-जनम की दासी हूँ और आप गुणों से परिपूर्ण मेरे स्वामी हो। ऐसी कौनसी बात है, जिसके कारण आप रूठ गए हो और मन को दु:ख पहुँचा रहे हो।

बहुत दिन बीत गए, रूठना छोड़ो और कृपा करके मुझे दर्शन देकर कृतार्थ करो। मीरां के हे अविनाशी प्रभु! मैं नित्य आपके ही नाम का गुणगान करती हूँ, फिर क्यों रूठते हो!

घर आओ प्रियतम प्यारा

म्हारे घर आज्यो प्रियतम प्यारा,
तुम बिन सब जग खारा।
तन मन धन सब भेंट करूँ,
ओ भजन करूँ मैं थारा।

तुम गुणवंत बड़े गुणसागर,
मैं हूँ जी औगणहारा।
मैं निगुणी गुण एकौ नाहीं
तुम हो बगसण हारा।

मीरां कहै प्रभु कबहि मिलौगे,
थां बिन नैण दुष्यारा।

मेरे प्रियतम प्यारे, हमारे घर आओ। आपके बिन सारा संसार सारहीन है। मैंने अपना तन-मन और धन, सर्वस्व आप पर न्योछावर कर दिया है और सदैव आपका ही भजन करती हूँ।

यह सर्वविदित है कि आप गुणवान और गुणसागर हो और मैं गुणविहीन। मेरे दोषों पर ध्यान न धरना। आप सबको क्षमा करते हो। मुझे भी क्षमा करना।

मीरां कहती है कि आपकी वाट जोहते-जोहते नैन दुखने लगे हैं। बताओ, कब आकर मिलोगे!

चलो मन गंगा-जमुना तीर

चलो मन गंगा-जमुना तीर।
गंगा-जमुना निर्मल पानी सीतल होत सरीर।

बंसी बजावत गावत कान्हाँ संग लियो बलवीर।
चलो मन गंगा-जमुना तीर।

मोर मुकुट पीतांबर सोह कुंडल झलकत हीर।
मीरां के प्रभु गिरधर नागर चरन-कमल पै सीर।
चलो मन गंगा-जमुना तीर।

मीरांबाई कहती हैं—हे मन! तू गंगा-यमुना के तट पर चल। गंगा और यमुना में प्रवाहित होनेवाला जल अत्यंत निर्मल है। उसमें स्नान करने से शरीर के सभी पाप-ताप दूर हो जाते हैं और मन अत्यधिक शीतलता और आनंद का अनुभव करता है।

हे मन! तू उस गंगा-यमुना के तट पर चल जहाँ श्रीकृष्ण ने अपने भाई बलराम को लेकर बाँसुरी बजाई थी और अपने सखाओं के साथ अनेक प्रकार के गीत गाए थे।

(श्रीकृष्ण के सौंदर्य का चित्रण करती हुई मीरां कहती हैं) श्रीकृष्ण के सिर पर मोर का मुकुट शोभायमान है। वे पीले वस्त्र धारण किए हुए हैं। उनके कानों में कुंडल सुशोभित हैं, जिनमें हीरे झिलमिला रहे हैं। मीरां कहती हैं कि मेरे प्रभु तो गिरिधर नागर श्रीकृष्ण हैं। उन्हीं के चरण-कमलों में मैं अपना मस्तक झुकाए हुए हूँ।

चालाँ वाही देस प्रीतम पावां

चालाँ वाही देस प्रीतम पावाँ,
चालाँ वाही देस।
कहो कसूमल साड़ी रंगावाँ,
कहो तो भगवा भेस।

कहो तो मोतियन माँग भरावाँ,
करों छिटकावाँ केस।
मीरां रे प्रभु गिरधर नागर,
सुणज्यो बिड़द नरेस।

प्रेमदीवानी मीरां कहती हैं–मैं उसी देश चलती हूँ, जहाँ मुझे मेरा प्रीतम मिलेगा। हे मेरे प्रिय! मैं उसी वेश में तुमसे मिलूँगी जिस वेश में तुम मुझे देखना पसंद करो। चाहो तो मैं कुसुम वर्ण की साड़ी रँगवा लूँ, चाहे तो भगवा वेश धारण कर लूँ।

कहो तो मैं अपनी माँग मोतियों से भर लूँ या कहो तो केशों को खुला छितरा दूँ। मीरां के प्रभु, गिरिधर नागर! मैंने तुम्हारा बहुत यश सुन रखा है, तुम्हारी इच्छा ही मेरे लिए आदेश है।

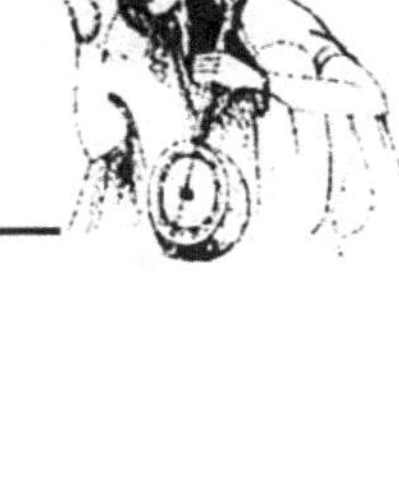

छोड़ मत जाज्यो जी महाराज

छोड़ मत जाज्यो जी महाराज
म्हा अबला बल म्हारो गिरधर,
थे म्हारो सरताज।

म्हा गुणहीन गुणागर नागर,
म्हा हिवड़ो रो साज।
जग तारन भोभीत निवारन,
थें राख्याँ गजराज।

हार्‌याँ जीवन सरण रावलाँ,
कठे जावाँ ब्रजराज।
मीरां रे प्रभु और न कोई,
राखा अब री लाज।

हे महाराज, मुझे छोड़कर न चले जाना। हे गिरिधर, इस अबला के बल तुम्हीं तो हो। तुम्हें ही मैं अपना स्वामी मानती हूँ।

मैं सभी प्रकार के गुणों से रहित हूँ, जबकि आप सभी प्रकार के गुणों के भंडार हो। मैं तुम्हें अपने हृदय का श्रृंगार मानती हूँ। तुम संसार से तारनेवाले और सांसारिक भय का निवारण करनेवाले हो। तुम्हीं ने गजराज की रक्षा की थी।

हे ब्रज के स्वामी, मैं अब कहाँ जाऊँ? मैंने अब आपकी सेवा में ही अपना जीवन अर्पित कर दिया है। मीरां के प्रभु, अब मेरा कोई और सहारा नहीं है। इस बार मेरी लाज अवश्य रख लीजिएगा।

जागो बंसी वारे ललना

जागो बंसी वारे ललना, जागो मोरे प्यारे।
रजनी बीती, भोर भयो है, घर-घर खुले किंवारे।

गोपी दही मथत सुनियत है, कँगना के झनकारे।
उठो लाल जी मेरे भोर भयो है, सुर नर ठाढ़े द्वारे।

ग्वाल बाल सब करत कुलाहल, जय जय सबद उचारे।
माखन रोटी हाथ में लीनी, गउवन के रखवारे।

मीरां रे प्रभु गिरधर नागर, सरण आयाँ कूँ तारे।

माँ यशोदा अपने पुत्र बालक कृष्ण को जगाते हुए कह रही है– जागो मेरे बंसीवाले लाल, हे मेरे प्यारे जागो। रात बीत गई और सुबह हो गई है। घर-घर के द्वार खुल गए हैं और लोग काम-काज में जुट गए हैं।

गोपियाँ दही मथ रही हैं। उनके कंगनों की झंकार सुनाई देती है। हे मेरे लालजी उठो, सुबह हो गई है। आपके द्वार पर देवता और मनुष्य दर्शन के लिए खड़े हुए हैं।

सारे ग्वाले-बाल एकत्र होकर कोलाहल कर रहे हैं और आपकी जय-जयकार कर रहे हैं। गऊओं के रखवाले, मैं आपके लिए हाथों में माखन-रोटी लेकर खड़ी हूँ, जल्दी से उठकर आ जाओ।

मीरां के प्रभु, हे गिरिधर नागर! जो आपकी शरण में आता है, आप उसे अवश्य तारते हो।

जानौ ना प्रभु मिलन

जानौ ना प्रभु मिलन क्यां होय।
आया म्हारे आँगण फिर
गया मैं जाण्या खोय।

जोवताँ मग रैन बीताँ
दिवस बीताँ जोय।
हरि पधाराँ आगणाँ
गया मैं अभागन सोय।

बिरह व्याकुल अनल अंतर
कल नां पड़ता दोय।
दासी मीरां लाल गिरधर
मिल ना बिछड़याँ कोय।

मुझे मालूम नहीं कि प्रभु मिलन की विधि कैसी होती है। वह मेरे आँगन में आया और फिर लौट गया। यह मैं उनको खोने के बाद ही जान सकी।

तुम्हारी राह ताकते-ताकते रात और दिन बीत जाते हैं। कभी ऐसा भी होता है कि हरि आँगन में पधारते हैं और मैं अभागिन सोई होती हूँ।

विरह की अग्नि से अंतर व्याकुल है और एक पल भी चैन नहीं मिलता। यह मीरां तो अपने लाल गिरिधर की दासी है। फिर इस प्रकार कोई मिलकर बिछड़ता है!

जावा दे जावा दे जोगी

जावा दे जावा दे जोगी किसका मीत।
सदा उदासी रहै मोरि सजनी,
निपट अटपटी रीत।

बोलत बचन मधुर से मानूँ,
जोरत नाहीं प्रीत।
मैं जाणूँ या पार निभैगी,
छांड़ि चले अधबीच।

मीरां रे प्रभु स्याम मनोहर
प्रेम पियारा मीत।

मेरी सजनी, जाने दे, जाने दे, भला जोगी भी किसी का मीत हुआ है? जोगी से प्रीत लगाकर सदैव उदासी ही मिलती है। इसकी रीत ऐसी ही निपट और अटपटी है।

मैं यह स्वीकार करती हूँ कि वह अत्यंत मधुर वचन बोलता है, किंतु किसी से प्रीत नहीं जोड़ता। मीठी बोली सुनकर कोई उसके प्रेमपाश में बँध जाए तो उसकी सुध नहीं लेता। मुझे लगता था कि मेरी उससे निभ जाएगी किंतु वह तो मँझधार में ही छोड़कर चला गया।

मीरां कहती हैं कि हे श्याममनोहर प्रभु! तुम मेरे प्यारे मीत हो, इस प्रकार मुझे बीच में छोड़कर क्यों चले गए!

जोगिया आयो जी

जोगिया जी आयो जी इन देस।
नैनन देखूँ, नाथ नै धाइ करूँ आदेस।

आया सावण भदवा, भरीया जल-थल ताल।
रावल कुण बिलमाई राखो, बिरहनि है बेहाल।

बरस्या वौ हो दिन भया बल बरस्यौ पलक न जाइ।
एक बेरी देह फेरी, नगर हमारे आइ।

वा मूरति म्हारे मन बसे छिन भरि रह्योइ न जाइ।
मीरां रे कोइ नाहिं दूजौ, दरसण दीज्यौं आइ।

जोगी जी अब तो मेरे इस देश में आ जाओ। मैं अपने नैनों से तुम्हें देख सकूँगी। आपके प्रत्येक आदेश का पालन करूँगी।

देखो तो सावन-भादो तक आ गया। जमीन और तालाबों में जल-ही-जल भर गया है। मेरे स्वामी को, मेरे पिया को किसने रास्ते में रोक रखा है। उनकी प्रतीक्षा में मैं विरहिणी बहुत बेहाल हो रही हूँ।

हमें बिछड़े हुए बहुत दिन हो गए हैं। अब यह बिछड़ना मुझसे एक पल भी सहन नहीं हो पा रहा है। मैं आपसे प्रार्थना करती हूँ कि एक बार तो अपनी देह फेरकर हमारे नगर में आने की कृपा करो।

आपका रूप मेरे मन में बसा हुआ है। अब मैं एक क्षण भी आपके बिना नहीं रह सकती। मीरां कहती है कि आपके बिना मेरा कोई और नहीं है। आप ही मेरे सर्वस्व हो, जल्दी आकर दर्शन देने की कृपा करो।

जोगिया ने कहज्यो जी आदेस

जोगिया ने कहज्यो जी आदेस।
जोगियो चतुर सुजान सजनी,
ध्यावै संकर सेस।

आऊँगी में नाह रहूँगी (रे म्हारा)
पीव बिना परदेस।
करि किरपा प्रतिपाल मो परि,
रखो न आपण देस।

माला मुदरा मेखला रे बाला,
खप्पर लूँगी हाथ।
जोगिन होई जग ढूँढसूँ रे,
म्हांरा रावलियारी साथ।

सावन आबन कह गया बाला,
कर गया आँगलियाँ रेख।
गिनता-गिनता घँस गई रे,
म्हांरा आँगलियाँ रेख।

पीव कारण पीली पड़ी बाला,
जीवन बाली बेस।
दास मीरां राम भजि कै,
तन मन कीन्हौं पेस।

हे मेरी सखी, मेरे जोगी को यह संदेश दीजिएगा कि हे जोगिया! तू चतुर और ज्ञानी है, शंकर और शेषनाग भी तेरा ध्यान करते हैं।

हे मेरे प्रियतम, मैं तुम्हारे पास आऊँगी। तुम परदेस में हो। तुम्हारे बिना अकेले रह पाना मेरे लिए अत्यधिक कठिन है। हे प्रतिपाल, मुझ पर अपनी कृपा करो। मुझे भी अपने देश में रख लो।

मेरे प्रियतम, मैं तुम्हारे लिए सर्वस्व त्यागकर माला, मुद्रा और करधनी धारण करूँगी और हाथ में खप्पर उठा लूँगी। मैं इस प्रकार जोगन का वेश धारण करके सारे संसार में तुम्हें खोजती रहूँगी और आजीवन तुम्हारे साथ रहूँगी।

मेरा प्रियतम सावन में आने को कह गया था। इसी प्रकार और कई तरह के वचन देकर गया था किंतु उसके जाने के बाद प्रतिदिन गिनते-गिनते मेरी उँगलियों की रेखाएँ भी घिस गई हैं।

हे प्रियतम, तुम्हारे विरह की वेदना में मेरे यौवन की कच्ची बेल पीली पड़ गई है। दासी मीरां कह रही हैं कि मैंने राम का भजन करते हुए स्वयं को उनके सम्मुख प्रस्तुत कर दिया है।

जोगिया से प्रीत कियाँ दुःख होइ

जोगिया से प्रीत किया दुःख होइ।
प्रीत कियाँ सुख ना मोरी सजनी
जोगी मिंत न कोइ।

रात-दिवस कल नाहिं परत है
तुम मिलियाँ बिन मोइ।
ऐसी सूरत या जग मांही
फेरि न देखी सोइ।

मीरां के प्रभु कबरे मिलोगे
मिलियाँ आनंद होइ।

हे सखी! निर्मोही (जोगिया) प्रियतम से प्रेम करने पर दुःख ही होता है। उससे प्रेम-संबंध स्थापित करने पर सुख नहीं मिलता, क्योंकि जोगी किसी का मीत नहीं होता। अर्थात् निर्मोही प्रियतम से प्रेम के निर्वाह की आशा करना व्यर्थ है।

हे जोगी! तुमसे मिले बिना मुझे रात-दिन एक पल भी चैन नहीं मिल रहा है। तुम्हारा रूप इतना अनोखा है कि उस रूप को देख लेने के बाद और कोई रूप आँखों को जमता ही नहीं है।

मीरां कहती हैं कि हे प्रियतम! अब तुम कब मिलोगे? तुमसे भेंट करके ही मैं आनंद को प्राप्त करूँगी।

जोगी मत जा

जोगी मत जा, मत जा, मत जा।
पाँव परूँ मैं तोरे।

प्रेम-भगति कौ पंथ है न्यारो
हमकूँ गैल बता जा।
अगर चंदन की चिता बनाऊँ
अपने हाथ जला जा।
जोगी मत जा, मत जा, मत जा।

जल-बल भई भस्म की ढेरी
अपने अंग लगा जा।
मीरां कहे प्रभु गिरधर नागर
जोत में जोत मिला जा।
जोगी मत जा, मत जा, मत जा।

हे जोगी! तू मुझे छोड़कर मत जा। मैं तेरे पैर पकड़ती हूँ, तू मुझे छोड़कर मत जा, मत जा।

प्रेम और भक्ति का मार्ग बड़ा निराला और विचित्र है। हे योगी (श्रीकृष्ण) तुम अपनी प्रेम-योगिनी को वह मार्ग बताओ, जिस पर चलकर यह तुम्हारे पास तक पहुँच सके।

(तुम्हारे वियोग में मैं एक क्षण भी जीवित नहीं रह सकती) अतः मैं अगरु और चंदन की चिता बनाऊँगी, इसे तुम अपने हाथों आकर जला जाओ (ताकि इस विरहिणी को विरह से मुक्ति प्राप्त हो सके।)

विरह की आग में जलकर मेरा शरीर भस्म (राख) की ढेरी बन चुका है। तुम इसे अपने अंगों पर लगा लेना (ताकि मैं मरने के बाद तुमसे मिलन का सुख प्राप्त कर सकूँ)।

मीरां कहती हैं कि हे गिरधर गोपाल, तुम अपनी ज्योति में मेरी ज्योति को लीन कर लो। (अभिप्राय: यह है कि मेरी आत्मा तुम्हारा ही अंश है। इसे तुम अपनी ही ज्योति में लीन कर लो)।

तनक हरि चितवौ म्हारी ओर

तनक हरि चितवौ म्हारी ओर।
हम चितवत तुम चितवत नाहीं दिल के बड़े कठोर।

म्हारी आशा चितवनि तुमरी और न दूजी दोर।
तुमसे हम कूँ तो तुम ही हो, हम सी लाख करोर।

ऊभी ठाड़ी अरज करत हूँ, अरज करत भयो भोर।
मीरां के प्रभु हरि अविनासी, दूँगी प्राण अकोर।

हे कृष्ण! तनिक मेरी ओर अपनी कृपादृष्टि डालिए।

मैं निरंतर आपकी ओर आशा-भरी दृष्टि से निहारती हूँ किंतु आप हमारी ओर देखते ही नहीं हो। निश्चय ही आपका हृदय अत्यधिक कठोर है।

हे कृष्ण! आपकी कृपादृष्टि ही मेरी एकमात्र आशा है। मेरे लिए अन्य कोई ठौर नहीं है।

हमारे लिए तो आप जैसे बस केवल आप ही हैं परंतु आपको हम जैसे लाखों-करोड़ों मिल जाएँगे।

मैं कबसे खड़ी-खड़ी आपसे निवेदन कर रही हूँ परंतु आप ध्यान ही नहीं देते। यहाँ तक कि आपसे दर्शनों की प्रार्थना करते-करते भोर हो गई है।

हे मीरां के प्रभु अविनासी श्रीकृष्ण, अब तो कृपा कीजिए। मैं आपको अपने प्राणों की भेंट चढ़ाऊँगी अर्थात् आप पर सर्वस्व न्यौछावर कर दूँगी।

तुम बिन म्हांरी कौन खबर ले

तुम बिन म्हांरी कौन खबर ले,
गोवरधन गिरधारी?

मोर मुगट पीतांबर शोभाँ,
कुंडल री छब न्यारी।

भरी सभाँ मा द्रुपद सुतारी,
राख्या लाज मुरारी।

मीरां रे प्रभु गिरधर नागर,
चरण कँवल बलिहारी।

गोवर्धन पर्वत को धारण करने वाले हे प्रभु। श्रीकृष्ण आपके बिना मेरी खोज-खबर लेने वाला कोइ भी नहीं है।

आपके मस्तक पर मोर का मुकुट शोभायमान है। आपने पीले वस्त्र धारण किए हुए हैं। कानों में कुंडल अत्यधिक सुंदर लग रहे हैं।

आपने ही भरी सभा में राजा द्रुपद की पुत्री द्रौपदी का चीर बढ़ाकर उसकी लज्जा की रक्षा की थी।

हे मीरां के प्रभु! मैं आपके चरण-कमलों पर स्वयं को न्यौछावर करती हूँ।

तुम सुनो दयाल म्हारी अरजी

तुम सुनो दयाल म्हारी अरजी।

भौसागर में बही जात हूँ,
काढ़ो तो थारी मरजी।

यो संसार सगो नहिं कोई,
साँचा सगा रघुवर जी।

मात-पिता और कुटुंब कबीलो
सब मतलब का गरजी।

मीरां की प्रभु अरजी सुन ल्यो,
चरण लगाओ गिरधर जी।

हे दयालु प्रभु! आप मेरी प्रार्थना सुन लीजिए।

मैं इस संसार-सागर में बही जा रही हूँ, आपकी मरजी हो तो मुझे इससे बाहर निकाल लीजिए अर्थात् इस संसार-चक्र से मेरा उद्धार कीजिए।

इस संसार में कोई अपना नहीं है। यह संसार नितांत स्वार्थी है। सब स्वार्थ के साथी हैं। यदि कोई सच्चा संबंधी है तो वह एकमात्र भगवान राम हैं। यहाँ तो माता-पिता और परिवार-कुटुंब के सभी व्यक्ति अपना मतलब ही सिद्ध करनेवाले हैं।

हे प्रभु! आप मीरां की प्रार्थना सुन लीजिए और इसे अपने चरणों में आश्रय दीजिए।

तुम हरो जन की भीर

हरि तुम हरो जन की भीर।

द्रौपदी की लाज राखी तुम बढ़ायो चीर।
भक्त कारण रूप नरहरि धर्‌यो आप सरीर।

हिरनकस्यप मार लीनो धर्‌यो नाहिन धीर।
बूड़ते गज-ग्राह मार्‌यो कियो बाहर नीर।

दासी मीरां लाल गिरधर दु:ख जहाँ तहँ पीर।
हरि तुम हरो जन की भीर।

हे कृष्ण! आप अपने भक्तों के संकटों को दूर कीजिए।

(आपने तो सदैव अपने भक्तों के कष्टों का निवारण किया है) जब दु:शासन ने भरी सभा में द्रौपदी के वस्त्र-हरण का प्रयास किया तो आपने ही उसका चीर बढ़ाकर उसी लज्जा की रक्षा की थी। भक्त प्रह्लाद के कारण आपने नृसिंह का रूप धारण किया और दुष्ट हिरण्यकश्यपु को मार गिराया।

आपने डूबते हुए हाथी की रक्षा के लिए ग्राह को मारा। (जो हाथी को पानी में ले जा रहा था) और गजराज को जल से बाहर किया।

हे गिरधर गोपाल! यह मीरां भी आपकी दासी है। आप तो स्वयं जानते हैं कि जहाँ चोट लगती है, वहाँ पीड़ा भी होती है। (मेरे विरह-दु:ख को आप जानते हैं अत: उसे दूर करने का प्रयास कीजिए)। हे कृष्ण! आप अपने भक्तों के संकटों को दूर कीजिए।

तेरे कारण बनी रे जोगन

करणां सुनि स्याम मेरी।
मैं तो होई रही चेरी तेरी।

दरसन कारण भई बावरी
बिरह-बिथा तन घेरी।
तेरे कारण जोगण हूँगी
नगर बिच फेरी।
कुंज सब हेरी-हेरी।

अंग भभूत, गले म्रिघ छाला,
यो तन भसम करूँ री।
अजहूँ न मिल्या, राम अबिनासी,
बन-बन विच फिरूँ री।
रोऊँ नित टेरी-टेरी।

जन मीरां कूँ गिरधर मिलिया,
दुख मेटण सुख भेरी।
रूम रूम साता भई उर में,
मिटि गई फेरा-फेरी।
रहूँ चरननि तरि चेरी।

हे श्याम! मेरी करुण पुकार सुनो, मैं तो सदा-सदा के लिए आपकी दासी हूँ।

मैं आपका दर्शन पाने के लिए पागल हुई जाती हूँ और विरह की वेदना ने मेरे तन को घेर लिया है। आपके

कारण मैं जोगन बन गई हूँ और नगर-नगर में भटकती फिरती हूँ। सारे कुंजों में आपको खोज रही हूँ।

मैंने अंग-अंग में भभूत रमा ली है और गले में मृगछाला डाल ली है। इस प्रकार अपना यह तन भस्म कर रही हूँ। आज भी मुझे राम अविनाशी नहीं मिला। मैं वन-वन में मारी-मारी उसको ढूँढ़ती फिर रही हूँ और उसे टेर-टेर कर रुदन कर रही हूँ।

जब मीरां को गिरिधर मिला, सुख देनेवाले ने सारे दुख मिटा दिए। रोम-रोम और हृदय में शांति व्याप्त हो गई। अब मैं बार-बार जीने-मरने के मायाजाल से मुक्त हो गई हूँ। अब आपकी यह दासी सदा आपके चरणों तले रहेगी।

थारो रूप देख्यां अटकी

थारो रूप देख्यां अटकी।
कुल-कुटुंब सजन सकल बार-बार हटकी।
बिसर्‌याँ ना लगन लगाँ मोर मुकट नटकी।
म्हांरो मन मगण स्याम लोक कह्याँ भटकी।
मीरां प्रभु सरण गह्याँ, जाण्या घट-घट की।

हे मेरे कान्हा! मैं तो तुम्हारा रूप देखकर दीवानी हो गई हूँ। कुल व परिवार के लोग बार-बार मुझे रोकने का प्रयास करते हैं।

किंतु मोर-मुकुट वाले नटवर से लगन लगाकर मैं उसे भुला नहीं सकती। मेरा मन श्याम में मगन है, जबकि लोग कहते हैं कि मैं न जाने कहाँ भटक गई हूँ।

मीरां कहती है कि मैंने तो प्रभु की शरण प्राप्त कर ली है। उसे घट-घट का ज्ञान है।

थें तो पलक उघाड़ो दीनानाथ

थें तो पलक उघाड़ो दीनानाथ,
मैं हाजिर-नाजिर कब की खड़ी।

साजनियाँ दुसमन होय बैठ्या,
सबने लगूँ कड़ी।

तुम बिन साजन कोई नहीं है,
डिगी नाव समंद अड़ी।

दिन नहिं चैन, रैन नहिं निदरा,
सूखूँ खड़ी-खड़ी।
बाण विरह का लग्या हिये में,
भूलूँ न एक घड़ी।

पत्थर की तो अहिल्या तारी,
बन के बीच पड़ी।
कहाँ बोझ मीरां में कहिए,
सौ पर एक धड़ी।

हे दीनानाथ! अब तो आप मेरी ओर कृपा की दृष्टि डालिए। मैं आपकी सेवा में कबसे उपस्थित हूँ।

सभी सगे-संबंधी मेरे दुश्मन बने बैठे हैं। मैं सभी को बुरी लगती हूँ। हे प्रिय! आपके अतिरिक्त मेरा कोई अपना नहीं है। आप ही मेरे प्रियतम हैं। मेरी जीवन-नौका

डगमगाती हुई भव-सागर में अटक गई है। अब आप ही मुझे पार लगाइए।

मुझे दिन में भी आराम नहीं मिलता और रात में भी नींद नहीं आती है। मैं तो आपकी प्रतीक्षा में खड़ी-खड़ी सूखती जा रही हूँ। मेरे हृदय में विरह का बाण लग गया है, जिसे मैं एक पल के लिए भी भुला नहीं पाती हूँ।

हे प्रभु! आपने वन में पड़ी हुई अहिल्या का उद्धार कर दिया था। (पति के शाप से पत्थर बनी हुई उसे आपने पुन: जीवन प्रदान किया था)। इस मीरां में ही ऐसा क्या बोझ है? मेरे पाप तो सौ की तुलना में पाँच सेर अर्थात् नहीं के बराबर हैं। फिर आप मेरा उद्धार क्यों नहीं करते हैं?

दरस दियां सुख होइ

जोगी म्हांने, दरस दियाँ सुख होइ।
नातरि दुख जग माहिं जीवड़ो
निस दिन झूरे तोइ।

दरद दिवाणी भई बावरी,
डोली सबही देस।
मीरां दासी भई है पंडर,
पलट्या काला केस।

हे जोगी! आप हमें अपने दर्शन दोगे, तभी हमें सुख की प्राप्ति होगी। अन्यथा हमारे ये प्राण इस जगत् में दुःखी रहकर रात-दिन आपको ही बिसूरते रहेंगे और व्याकुलता का अनुभव करते रहेंगे।

हे प्रिय! आपकी विरह-वेदना से व्याकुल और पागल हुई मैं सब देश और देशांतरों में घूमती रही हूँ। अब तो आपकी यह दासी मीरां पंडुर हो गई है अर्थात् आपके विरह के दुःख से पीली पड़ गई है। अब तो इसके केश भी श्वेत हो गए हैं।

दरस बिन दूखन लागै नैन

दरस बिन दूखन लागै नैन
जबसे बिछुड़े मोरे प्रभु जी,
कबहुँ न पायो चैन।

सबद सुनत मेरी छतियाँ कँपै,
मीठे लागै बैन।
विरह-बिथा कासूँ कहूँ सजनी।
बह गई करवत-अैन।

कल न परत, हरि मग जोवत,
भई छमासी रैण।
मीरां के प्रभु कबरे मिलोगे,
दुःख मेटण सुख दैण।

हे प्रभु! आपके दर्शन के बिना मेरी आँखें दुखने लगी हैं। जबसे आपका वियोग हुआ है, तबसे मुझे एक पल का भी चैन नहीं मिला है।

आपके मधुर वचनों का स्मरण आते ही मेरा हृदय काँपने लगता है। आपके प्रेमपूर्ण शब्दों को सुनकर मैं पुलकित हो उठती हूँ। मैं अपनी विरह-व्यथा किससे कहूँ? मझ पर तो जैसे करवत ही चल गई है। तात्पर्य यह है कि मुझे विरह ने पूरी तरह से घायल कर दिया है।

प्रभु के बिना मुझे एक पल भी चैन नहीं मिलता है। रात-दिन मैं उन्हीं की बाट जोहती रहती हूँ। उनके वियोग में रात भी छह मास जितनी लंबी हो गई है। मीरां कहती हैं कि हे प्रभु, आप मुझसे कब मिलोगे। आप ही तो मेरे दुःखों को मिटानेवाले और सुखों को देनेवाले हैं।

देखत राम हँसे

देखत राम हँसे सुदामाँ कूँ, देखत राम हँसे।

फाटी तो फूलड़िया पाँव उभाणे, चलतै चरण घसे।
बांलपणै का मिंत सुदामा, अब क्यूँ दूर बसे।

कहाँ भावज ने भेंट पठाई, तान्दुल तीन पसे।
कित गई प्रभु मोरी टूटी टपरिया, हीरा, मोतीलाल कसे।

कित गई प्रभु मोरी गउवन बछिया, द्वारा बिच हँसती फसे।
मीरां रे प्रभु हरि अबिनासी, सरणे तोरे बसे।

जब कृष्ण के बालसखा सुदामा श्रीकृष्ण के पास पहुँचे तो उन्हें देखकर कृष्ण प्रसन्नतापूर्वक हँस पड़े।

सुदामा की दरिद्रता का यह हाल था कि उसकी जूतियाँ फट गई थीं। पाँव नंगे थे, जो चलते-चलते छिल गए थे। कृष्ण ने उन्हें देखकर कहा–अरे, मेरे बालपन के मित्र! अब क्यों मुझसे दूर जाकर बसे हो।

भाभी ने मेरे लिए कौन-सी भेंट भेजी है। तभी कृष्ण ने सखा के हाथ की गठरी लेकर उसमें से तीन मुट्ठी चावल खा लिए। जब सुदामा कृष्ण से मिलकर अपने गाँव पहुँचे तो अपनी झोपड़ी के स्थान पर हीरे, मोती और जवाहरों से सजी-धजी अट्टालिका देखकर चकरा गए। सोचने लगे कि मेरी टूटी-फूटी झोंपड़ी कहाँ गई! यह हीरे, मोती, लाल का महल किसका है? हे प्रभु! मेरी गाय, बछिया कहाँ गई? जिस द्वार पर मेरी पत्नी खड़ी होती थी, वहाँ यह कौन स्त्री खड़ी मुस्करा रही है?

हे मीरां के अविनाशी प्रभु, मैं तेरी शरण में रहती हूँ, मैं भी सुदामा की भाँति दरिद्र हूँ, मेरा भी उद्धार कीजिए।

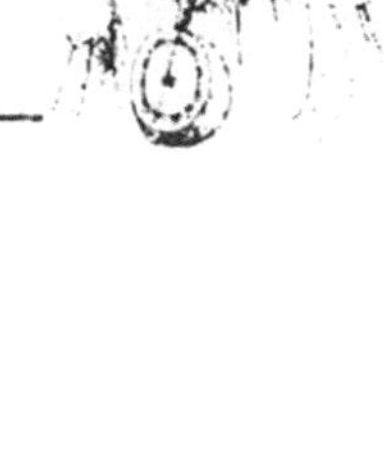

निसदिन जोऊँ बाट

जोगिया जी निसदिन जोऊँ बाट।
पाँव न चालै पंथ दूहेलो,
आड़ा ओघट घाट।
नगर आइ जोगी रस गया रे,
मो मन प्रीत न पाइ।

मैं भोली भोलापन कीन्हो,
राख्यौ नहिं बिलमाइ।
जोगिया कूँ जोवत बोहो दिन बीता,
अजहूँ आयो नाहिं।
बिरह बुझावण अंतरि आवो,
तपन लगी तन माहिं।

कै तो जोगी जग में नाहीं,
केर बिसारी मोइ।
कांइ करूँ कित जाऊँ री
सजनी नैण गुमायो रोइ।
आरति तेरा अंतरि मेरे,
आवो अपनी जांणि।
मीरां व्याकुल बिरहिणी रे,
तुम बिनि तलफत प्राणि।

हे मेरे जोगिया! मैं रात-दिन तुम्हारी बाट जोहती हूँ। प्रेम की डगर बड़ी दुष्कर है, इस आड़े और सँकरे पथ पर

कदम रखना बड़े जोखिम का काम है। नगर में जाकर जोगी ऐसा रम गया है कि सुध-बुध खो बैठा और मेरे मन की प्रीत का अनुमान नहीं लगा सका।

मैं भोली थी और भोलापन ही करती रही, इसलिए तो मैं उसे प्रेम में फाँस न सकी। जोगिया की प्रतीक्षा करते-करते दिन बीत रहे हैं किंतु वह आज भी नहीं आया। जोगी जी, मेरे अंतर में जो विरहाग्नि सुलग रही है, उसे बुझाने को आओ। मेरा सारा शरीर तप रहा है।

मुझे तो ऐसा लगता है कि जोगी जग में कहीं खो गया है, या उसने मुझे भुला दिया है। मेरी सजनी, मैं क्या करूँ, कहाँ जाऊँ? रात-दिन रो-रोकर मैंने तो अपनी आँखों को ही खराब कर लिया है। मेरा अंतर तुम्हारी चाहत में तड़प रहा है, मुझे अपना मानकर आ जाओ। मीरां कहती है कि मैं तुम्हारे दर्शन पाने को व्याकुल विरहिणी हो रही हूँ। तुम्हारे बिना मेरे प्राण तड़पते रहे हैं।

नीदड़ी आवां ना

नीदड़ी आवाँ ना साराँ रात,
कुण विधि होय परभात।
चमक उठाँ सुपनाँ लख सजणी,
सुध ना भूल्याँ जाता।

तलफाँ-तलफाँ जियराँ जायाँ,
कब मिलियाँ दीनानाथ।

भवाँ बावरा सुध-बुध भूलाँ
पीव जान्या म्हारी बात।
मीरां पीड़ाँ सोइ जाणैं,
मरण जीवण जिण हाथ।

मीरां कहती हैं कि मुझे सारी रात नींद नहीं आती। कोई तो बताए, मैं किस प्रकार समय बिताकर सुबह करूँ।

मेरी सजनी, मैं सपने में उसे देखकर चौंककर उठ जाती हूँ। उसकी याद भुलाए नहीं भूलती। बस आँखें खोले उसकी छवि निहारती रहती हूँ।

तड़प-तड़पकर मेरी जान निकली जा रही है। हे दीनानाथ, तुम कब आकर मुझसे मिलोगे?

मैं आपके वियोग में बावरी होकर सुध-बुध खो बैठी हूँ। मेरे पिया, आप मेरे मन की बात क्यों नहीं समझते? मीरां कहती है कि मेरी

पीड़ा का मर्म तो वही समझ सकता है, जिसके हाथ में जीवन-मरण है। हे प्रभु! अविलंब दर्शन देकर मेरी वेदना को दूर करो।

नींद नहीं आवे जी

नींद नहीं आवे जी सारी रात।
करवट लेकर सेज टटोलूँ,
पिया नहीं मेरे साथ।

सगरी रैन मोहै तरफ़त बीती,
सोच सोच जिय जात।
मीरां रे प्रभु गिरधर नागर,
आज भयो परभात।

हे प्रभु, मेरी विनती सुनिए! मुझे सारी रात नींद नहीं आती। (सारी रात साँवरे की याद में एक पल को भी पलकें नहीं झपकाती।) बार-बार करवटें बदलती हूँ और सेज टटोलती हूँ, किंतु पिया को अपने साथ नहीं पाती।

मेरी सारी रात इस प्रकार तड़पते हुए बीतती है और हृदय सोच-सोचकर बैठा जाता है। हे मीरां के प्रभु, गिरधर नागर! आज भी रोज की भाँति करवटें बदलते और तड़पते हुए सुबह हो गई।

नैना लोभी रे

नैना लोभी रे बहुरि सके, नहिं आय।
रोम-रोम नख-शिख सब निरखत, ललकि रहे ललचाय।

मैं ठाढ़ी गृह आपणे री, मोहन निकसे आय।
बदन चंद परकासत हेली, मंद-मंद मुसकाय।

लोग कुटुंबी बरजि बरजहीं, मानत पर हाथ गये बिकाय।
भली कहो कोई बुरी कहो, मैं सब लई सीस चढ़ाय।

मीरां रे प्रभु गिरधर लाल बिनु, पल भर रह्यो न जाय।

मीरां कहती हैं कि मेरे मनमोहन का रूप बड़ा ही आकर्षक है। मेरे नैन उसे लगातार देखने का लोभ संवरण नहीं कर पाते हैं। मेरे नैन ललकते और ललचाते हुए मनमोहन का रोम-रोम नख से शिख तक निहारते रहते हैं।

मैं अपने घर में खड़ी थी कि एकाएक वहाँ मोहन निकल आए। हे मेरी सखी, उनका मुख रूपी चंद्र प्रकाशित हो रहा था और वह मंद-मंद मुस्करा रहे थे।

कुटुंबी व अन्य लोग मुझे मनमोहन का ध्यान धरने से रोकते हैं। किंतु मैं क्या करूँ, मन मानता ही नहीं, मानो वह पराए हाथों बिक गया है।

मुझे भली कहो या बुरी, मैं किसी को उत्तर देने के स्थान पर सबकी बातें चुपचाप शीश पर धारण करती हूँ। मीरां कहती है, प्रभु गिरिधरलाल के बिना मुझसे एक पल भी रहा नहीं जाता। उनका विरह मेरे लिए असहनीय है।

पग घुँघरू बाँध

पग घुँघरू बाँध मीरां नाची रे।

मैं तो अपने नारायण की
आपहिं हो गई दासी रे।
लोग कहें मीरां भई बावरी।
सासु कहें कुल नासी रे।
पग घुँघरू बाँध मीरां नाची रे।

विष का प्याला राणाजी भेज्या
पीवत मीरां हाँसी रे।
मीरां के प्रभु गिरधर नागर
सहज मिले अविनासी रे।
पग घुँघरू बाँध मीरां नाची रे।

अपने साँवलिया श्रीकृष्ण के प्रेम में तन्मय होकर मीरां अपने पैरों में घुँघरू बाँधकर नाचने लगीं।

मीरां कहती हैं कि मैं तो अपने आराध्य प्रभु श्रीकृष्ण की आप ही आप दासी हो गई हूँ। (तात्पर्य यह है कि उनके प्रेम के वशीभूत होकर मीरां ने उन्हें सर्वस्व अर्पित कर दिया है।) संसार कहता है कि मीरां पागल हो गई है। सासु कहती हैं कि मीरां कुल-मर्यादा को नष्ट कर रही है।

राणा जी (मीरां के देवर विक्रमादित्य) ने मीरां के प्राण लेने के लिए उसके पास विष से परिपूर्ण प्याला भेजा किंतु मीरां ने उसे हँसते-हँसते पी लिया। मीरां के प्रभु तो गिरिधर नागर श्रीकृष्ण हैं और वह अविनाशी कृष्ण उसे सहज ही (सरलता से) प्राप्त हो गए हैं।

पतियाँ मैं कैसे लिखूँ

पतियाँ मैं कैसे लिखूँ
लिखो री न जाय।

कलम धरत मेरो कर कँपत है,
नैन रहै झड़ लाय।
बात कहूँ तो कहत न आवै,
जीव रह्यौ डरराय।

विपत हमारी देख तुम चाले,
कहियो हरिजी सूँ जाय।
मीरां के प्रभु गिरधर नागर,
चरण ही कँवल रखाए।

प्रियतम श्रीकृष्ण को मैं पत्र कैसे लिखूँ, मुझसे लिखा ही नहीं जाता।

पत्र लिखने के लिए जैसे ही मैं कलम अपने हाथ में लेती हूँ, मेरा हाथ काँपने लगता है और आँखों से आँसुओं की झड़ी लग जाती है। यदि मैं अपना संदेश मौखिक रूप से कहना चाहती हूँ तो गला रुँधा हुआ होने के कारण संदेश भी कहा नहीं जाता। मेरे प्राण विरह से त्रस्त रहते हैं।

हे पथिक! तुमने मेरी विरह दशा को अपनी आँखों से देख लिया है। इसलिए जैसी भी दशा तुमने देखी है, वैसी ही हमारे प्रियतम से जाकर कह देना। हे प्रभु गिरिधर लाल। मीरां का तो केवल इतना निवेदन है कि इसे आप अपने चरण-कमलों में रखे रहना।

परम सनेही राम की

परम सनेही राम की नित ओलूँ री आवै।

राम हमारे, हम हैं राम के,
हरि बिन कछू न सुहावै।
आवण कह गए अजहूँ न आए,
जिवड़ो अति उकलावै।

तुम दरसण की आस रमैया,
कब हरि दरस दिलावै।
चरण कँवल की लगनि लगी नित
बिन दरसण दुख पावै।

मीरां कूँ प्रभु दरसण दीज्यो, आणंद वरण्यूं न जावै।

प्राण-प्यारे, परम सनेही स्वामी की याद नित्यप्रति सताती रहती है।

राम मेरे हैं और मैं राम की हूँ–दोनों एकरूप हैं। अपने स्वामी हरि के बिना मुझे कुछ भी रुचिकर नहीं लगता। वे शीघ्र आने के लिए कहकर गए थे किंतु अभी तक नहीं आए। मेरा मन उनके वियोग में अत्यधिक व्याकुल है, घबरा रहा है।

हे रमैया! मैं आपके दर्शनों की आशा लगाए बैठी हूँ। हे हरि! अपने दर्शन कब दोगे? मेरे मन में हर दिन आपके चरण-कमलों के दर्शन की लगन लगी रहती है। आपके दर्शन प्राप्त किए बिना यह मन दुःखी रहता है।

मीरां कहती हैं कि हे प्रभु! अब शीघ्र दर्शन दीजिए। आपके दर्शन से मुझे जिस अपार आनंद की प्राप्ति होती है, उसका वर्णन करना संभव नहीं है।

पलक न लागै मेरी

पलक न लागै मेरी स्याम बिना।
हरि बिनु मथुरा ऐसी लागै,
शशि बिन रैन अँधेरी।
पात-पात वृंदावन ढूँढ्यो,
कुंज-कुंज ब्रज केरी।

ऊँचे खड़े मथुरा नगरी,
तले बहै जमना गहरी।
मीरां रे प्रभु गिरधर नागर,
हरि चरनन की चेरी।

मेरे श्याम, आपसे ऐसी लगन लगी है कि आपके वियोग में मेरी पलकें एक पल को भी नहीं झपकतीं। हरि के बिना मुझे मथुरा नगरी ऐसी लगती है जैसे चंद्रमा के बिना रात का अँधेरा छा गया हो। मैंने वृंदावन में जाकर पत्ते-पत्ते में उसे ढूँढ़ा और ब्रज जाकर कुंज-कुंज में झाँक लिया, किंतु वह मुझे कहीं भी नहीं मिला।

मथुरा नगरी ऊँचाई पर खड़ी है और उसके नीचे गहरी यमुना नदी बह रही है। हे मीरां के प्रभु, गिरिधरनागर! मैं तो हरि के चरणों की दासी हूँ, अतः मुझे दर्शन देकर कृतार्थ कीजिए।

पिय इतनी विनती सुनि

पिय इतनी विनती सुनि मोरी
कोई कहियो रे जाय।

औरन सूँ रस बतियाँ करत हो
हमसे रहे चित चोरी।
तुम बिन मेरे और न कोई
मैं सरणागत तोरी।

आवण कह गए अजहूँ न आए
दिवस रहे अब थोरी।
मीरां के प्रभु कब रे मिलोगे
अरज करूँ कर जोरी।

कोई व्यक्ति मेरे प्रियतम से जाकर इतना भर कह दे कि वे मेरी विनती को सुन लें।

(अपने प्रियतम को उलाहना देती हुई मीरां कहती हैं) आप दूसरों के साथ हँस-हँसकर प्रेम की बातें करते हो किंतु हमसे अपना चित्त चुराए रहते हो। (अर्थात् निरंतर हमारी उपेक्षा करते रहते हो।) हे प्रभु! आपके अतिरिक्त मेरा और कोई सहारा नहीं है। मैं आपकी शरण में हूँ।

हे प्रभु! आप शीघ्र आने का वचन देकर गए थे, किंतु इतना समय बीत जाने पर भी लौटकर नहीं आए हो। अब तो मुझे अपने जीवन का भी कोई भरोसा नहीं रहा है। मेरे जीवन के अब थोड़े से दिन शेष रह गए हैं। हे प्रभु! मैं आपसे करबद्ध प्रार्थना कर रही हूँ। मुझे आप शीघ्र बताएँ कि आप मुझे अपने दर्शन कब देंगे?

पिया थोर नाम लुभाणी री

पिया थारे नाम लुभाणी जी।
नाम लेताँ तिरताँ सुन्या,
जग पाहन पाणी जी।
कीरत कांइ ना क़िया,
घणा करम कुमाणी जी।

गणका कीर पढ़ावताँ,
बैकुंठ बसाणी जी।
अधर नाम कुंजर लयाँ,
दुख अबध घटानी जी।
गरुण छांड पग धाइयाँ,
पसुजूण पटाणी जी।

अंजामेल अध ऊधरे,
जम त्रास नसाणी जी।
पुतनाम जस गाइयाँ,
जग सारा ज़ाणी जी।

सरणागत थें वर दिया,
परतीत पिछाणी जी।
मीरां दासी रावली,
अपणी कर जाणी जी।

हे मेरे प्रियतम, तुम्हारा नाम बड़ा लुभावना है। ऐसा

सुना है कि तुम्हारा नाम लेते ही पत्थर भी पानी में तैरने लगते हैं।

अच्छे काम न करनेवाली और सदैव बुरे काम करनेवाली गणिका (वेश्या) भी तोते को प्रभु का नाम पढ़ाते-पढ़ाते बैकुंठ में जा बसी। हाथी ने डूबने से बचने के लिए तुम्हारा आधा ही नाम लिया था कि उसके दुःख की अवधि घट गई और तुम गरुड़ की सवारी से उतरकर पैदल ही दौड़े और उसे पशु योनि से मुक्त कर दिया।

तुमने पापी अजामिल का उद्धार किया और उसे यम के त्रास से बचाया। सारा जग इस कारण को जानता है कि अजामिल ने मरते समय अपने पुत्र का नाम (नारायण) बार-बार लिया था।

जो भी तुम्हारी शरण में आया, उसकी आस्था पर विश्वास करते हुए तुमने उसे वर दिया। मीरां तुम्हारी दासी है, उसे भी अपनी जानकर उसकी सुध लो। मैं तो रात-दिन तुम्हारा स्मरण करती हूँ, मेरा कब उद्धार करोगे।

पिया म्हांरे नैना आगाँ

पिया म्हारे नैना आगाँ रहज्यो जी।
नैना आगाँ रहज्यो म्हांणे,
भूल ना जाज्यो जी।

भौ सागर म्हाँ बूड्या चाहाँ
स्याम बेग सुध लीज्यो जी।
राणा भेज्या विंष का प्यालो,
थें इमरत कर दीज्यो जी।

मीरां के प्रभु गिरधरनागर,
मिल बिछुड़न मत कीज्यो जी।

मेरे पिया, आपसे मेरा निवेदन है कि आप सदा मेरे नैनों के सामने रहा करो। आप मेरे नैनों के सम्मुख रहना और मुझे कभी भूल मत जाना।

मेरे श्याम, मैं भवसागर में डूबी जा रही हूँ, जल्दी से मेरी सुध लो। आपकी कृपा-दृष्टि पर मुझे पूरा विश्वास है, यदि राणा विष का प्याला भेजें तो आप उसे अमृत कर देना।

हे मीरां के गिरधर नागर प्रभु, मिलने के बाद बिछड़ा मत कीजिए।

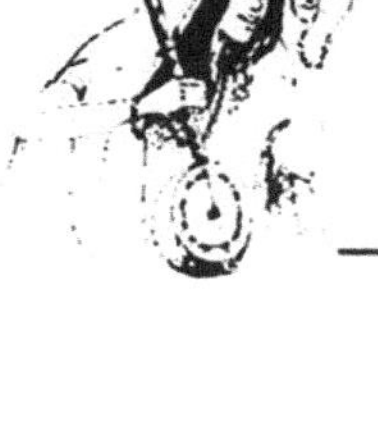

प्रभु जी थे कहाँ गया

प्रभु जी! थे कहाँ गया
नेहड़ो लगाय।

छोड़ गया विस्वास संगाती
प्रेम की बाती बराय।
बिरह-समंद में छोड़ गया छो
नेह की नाव चलाय।

मीरां के प्रभु कबरे मिलोगे,
तुम बिन रहा न जाय।

हे स्वामी! तुम मुझसे प्रेम-संबंध स्थापित करके कहाँ चले गए हो?

हे विश्वासों के साथी! तुमने मेरे विश्वास को ही तोड़ दिया। मेरे हृदय में प्रेम की लौ लगाकर मुझे छोड़ दिया। (मेरे प्राणों में प्रेम की वर्तिका जलाकर तुम मुझसे विमुख हो गए)।

(हे निष्ठुर क्या प्रेम की यही रीति है कि) प्रीति नाव चलाकर तुमने मुझे विरह के सागर में बेसहारा छोड़ दिया है।

मीरां कहती हैं कि हे प्रभु! तुम कब मिलोगे? तुम्हारे बिना रहना कठिन हो गया है।

प्रभु सों मिलन कैसे होय

प्रभु सों मिलन कैसे होय।

पाँच पहर धंधे में बीते,
तीन पहर रहे सोय।

मानुस जनम अमोलक पायो,
सोतें डार्‌यो खोय।

मीरां के प्रभु गिरधर भजीये,
होनी हो सो होय।

(मीरां अपने मन में चिंतन करती हैं कि) प्रभु से किस प्रकार मिलन हो सकता है? पाँच पहर तो काम-काज में बीत जाते हैं और तीन पहर सोकर समाप्त हो जाते हैं।

हमने मानव का अमूल्य जन्म प्राप्त किया, किंतु इसे सोकर खो डाला।

मीरां कहती हैं कि प्रभु गिरिधर नागर का ही भजन और गुण-कीर्तन करना चाहिए। जो हमारे भाग्य में लिखा है, वह तो होकर ही रहेगा, इसलिए उसकी चिंता नहीं करनी चाहिए।

बर जी मैं काहू की नाहिं रहूँ

बर जी मैं काहू की नाहिं रहूँ।
सुनो री सखी तुमसों या मन की
साँची बात कहूँ।

साधु-संगति कर हरि सुख लेऊँ,
जगतें हौं दूरि रहूँ।
तन-मन-धन मेरो सब ही जावो,
भल मेरो सीस लहूँ।

मन मेरो लागो सुमिरन सेती,
सबका मैं बोल सहूँ।
मीरां के प्रभु गिरधर नागर,
सतगुरु शरण गहूँ।

मैं किसी के रोके न रुकूँगी। हे सखी, सुनो! मैं आप अपने मन की सच्ची बात कहती हूँ।

मैं साधु-संतों की संगति में ही कृष्ण-भक्ति का सुख प्राप्त करती हूँ तथा सांसारिक प्रपंचों से दूर रहती हूँ। इसके लिए चाहे मेरा तन-मन-धन सब कुछ चला जाए, चाहे कोई मेरा मस्तक ही काट ले परंतु मैं इससे विमुख नहीं हो सकूँगी।

मेरा मन तो अब पूर्णरूप से अपने आराध्य श्रीकृष्ण के स्मरण में ही लग गया है। इसके लिए मैं संसार-भर के सारे उपालंभ और ताने सह लूँगी। मीरां के स्वामी गिरिधर नागर, मैंने अब सत्गुरु की शरण ग्रहण कर ली है।

बरसे बदरिया सावन की

बरसे बदरिया सावन की।
सावन की मनभावन की।

सावन में उमग्यो मेरो मनवा,
भनक सुनी हरि आवन की।

उमड़-घुमड़ चहुँ दिसि से आया,
दामिनि दमके झर लावन की।

नन्हीं-नन्हीं बूँदन मेहा बरसे,
शीतल पवन सोहावन की।

मीरां के प्रभु गिरधर नागर,
आनंद-मंगल गावन की।

सावन की बदरिया बरस रही है। यह मनभावन सावन की बदरिया है।

ऐसे सावन में प्रियतम कृष्ण के आगमन का समाचार कानों में पड़ते ही मेरा मन उमंग से भर उठा है।

चारों ओर से बादल उमड़-घुमड़कर छा गए हैं तथा वर्षा के आगमन की सूचक बिजलियाँ चमक उठी हैं।

बादलों से नन्हीं-नन्हीं बूँदों के रूप में वर्षा की फुहारें झरने लगी हैं तथा शीतल-सुहावन हवा चलने लगी है।

मीरां के प्रभु गिरधर नागर! मेरे लिए तो यह आनंद और मंगल के गीत गाने का क्षण है।

बसो मोरे नैनन में नंदलाल

बसो मोरे नैनन में नंदलाल।

मोहनि मूरत, साँवली सूरत
नैना बने बिसाल।
अधर सुधारस मुरली राजति
उर बैजन्ती माल।
बसो मोरे नैनन में नंदलाल।

छुद्र घंटिका कटि तट सोभित
नूपुर सबद रसाल।
मीरां-प्रभु संतन सुखदाई
भक्त बछल गोपाल।
बसो मोरे नैनन में गोपाल।

हे नंदनंदन कृष्ण! आप मेरे नयनों में निवास करो। (अर्थात् आपकी रूपमाधुरी मेरी आँखों में सदैव बसी रहे)

आपका रूप अत्यधिक मोहक है। आपकी सूरत साँवली-सलोनी है। आपके नेत्र बड़े-बड़े हैं। आपके ओठों पर अमृतरस बरसानेवाली मुरली सुशोभित है (अथवा आपके सुधारस से परिपूर्ण अधरों पर मुरली शोभित है), आपके वक्ष पर वैजयंती माला अत्यधिक रुचिकर लग रही है।

श्रीकृष्ण की कमर में छोटी-सी घंटी और पैरों में सरस और मधुर ध्वनि उत्पन्न करने वाले घुँघरू सुशोभित हैं। मीरां कहती हैं कि मेरे प्रभु संतों को सुख देनेवाले हैं और भक्तों से प्रेम करनेवाले हैं। ऐसी मनोहर छविवाले श्रीकृष्ण मेरे नेत्रों में आकर बस जाएँ।

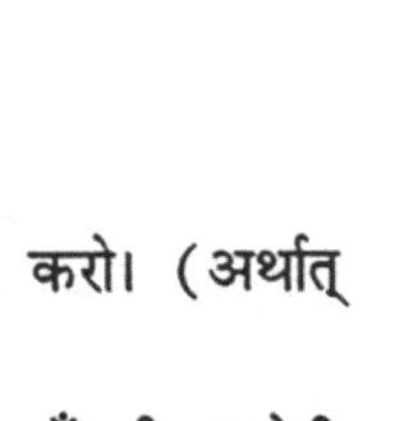

बादर देख डरी हो, स्याम

बादर देख डरी हो स्याम!
मैं बादर देख डरी।

काली-काली घटा ऊमटी
बरस्यो एक घरी।
जित जाऊँ तित पानि ही पानी
हुई सब भोम हरी।

जाका पिव परदेस बसत है,
भीजै बार खरी।
मीरां के प्रभु गिरधर नागर
कीज्यो प्रीति खरी।

हे कृष्ण! आकाश में उमड़ते-घुमड़ते बादलों को देखकर मैं भयभीत हो गई हूँ। ये काले-काले बादल मुझे बहुत डरा रहे हैं।

काली-काली घटाएँ चारों ओर उमड़ने लगती हैं और कुछ देर बरसने के बाद समाप्त हो जाती हैं। इसके बाद मैं जिधर भी जाती हूँ, उधर पानी-ही-पानी दिखाई देता है। सारी धरती हरी-भरी हो गई है।

जिनके प्रियतम परेदश में रहते हैं, वे वियोगिनियाँ अपने प्रियतम की प्रतीक्षा में खड़ी-खड़ी भीग रही हैं। (मीरां अपनी अनन्य भक्ति का परिचय देते हुए कहती हैं। कि) मेरे आराध्य गिरिधर गोपाल! आप मेरे प्रति अपनी प्रीति को खरी सिद्ध कीजिएगा अर्थात् इस पावस ऋतु में आकर अपने प्रेम की सच्चाई सिद्ध कीजिएगा।

बिंद्रावन की कुंज गलिन में

बिंद्रावन की कुंज गलिन में,
गहे लीनो मेरो हाथ।

दध मेरो खायो, मटकिया
फोरी, लीनो भूज भर साथ।
लपट-झपट मोरी गागर पटकी,
साँवरे सलोने लोने गात।

कबहुँ न दान लियो मनमोहन,
सदा गोकल आत जात।

मीरां रे प्रभु गिरधर नागर,
जनम जनम के नाथ।

मेरे कन्हैया, यह तो बता मैं तेरे साथ कहाँ-कहाँ जाऊँ? वृंदावन की कुंज-गलियों में तूने मेरा हाथ थाम लिया।

मेरा दही खाया, मटकी फोड़ दी और मुझे अपनी भुजाओं में बाँध लिया। फिर लिपटते-लिपटते मेरी गागर फोड़ दी। मेरा मृदुल तन साँवरा-सलोना ऐसा नटखट है।

गोकुल आते-जाते मनमोहन ने कभी कुछ माँगा नहीं; जिसकी इच्छा हुई झपटकर ले लिया। हे मीरां के प्रभु गिरधर नागर! तू मेरा जनम-जनम का स्वामी है, अतः जहाँ जी में आए, मुझे ले चल।

भज मन चरण कमल

भज मन चरण कँवल अविनासी।
जेताई दीसे धरण गगन बिच,
तेताई सब उठ जासी।

कहा भयो तीरथ व्रत कीन्हें,
कहा लिए करवत कासी।
या देही का गरब न करना,
माटी में मिल जासी।

यो संसार चहर की बाजी
साँझ पड्या उठि जासी।

कहा भयाँ है भगवा पहर्या,
घर तज भए संन्यासी।
जोगी होय जुगति नहिं जापी,
उलटि जनम फिर आसी।

अरज करो अबला कर जोरे,
स्याम तुम्हारी दासी।
मीरां के प्रभु गिरिधर नागर,
काटो जम की फाँसी।

(अपने मन को संबोधित करती हुई मीरां कहती हैं कि) हे मन! तू अविनश्वर ईश्वर के चरण-कमलों की आराधना

कर। धरती से लेकर आकाश तक जो कुछ भी दिखाई पड़ता रहा है, वह सब एक दिन नष्ट हो जाएगा।

विभिन्न तीर्थों की यात्रा करने से, अनेक प्रकार के व्रत आदि करने से और कोई लाभ नहीं है। सुंदर शरीर को चिरवाने से भी कोई लाभ नहीं है। सुंदर शरीर को पाकर हमें गर्व नहीं करना चाहिए, क्योंकि यह शरीर भी एक दिन नष्ट होकर मिट्टी में मिल जाएगा।

यह संसार चौपड़ की बाज़ी की तरह है। जिस प्रकार चौपड़ खेलनेवाले शाम को अपनी बाज़ी बंद कर देते हैं, उसी प्रकार इस संसार में आनेवाले प्रत्येक व्यक्ति को कालरूपी संध्या के आने पर जाना ही पड़ता है।

शरीर पर गेरुये वस्त्र धारण करने और घर को छोड़कर संन्यासी बन जाने से भी कोई लाभ होनेवाला नहीं है। योग धारण करने पर भी यदि ईश्वर को प्राप्त करने की युक्ति नहीं आती तो संन्यास लेना भी व्यर्थ हो जाएगा और पुनः इस संसार में जन्म लेना पड़ेगा।

मीरांबाई अपने हाथ जोड़कर कृष्ण से निवेदन करती हैं कि मैं आपकी दासी हूँ। आप मेरे स्वामी हैं। कृपया यम के फंदे को काटकर मुझे मोक्ष प्रदान कीजिए।

भई हों बावरी

भई हों बाबरी सुनके बाँसरी,
हरि बिनु कछु न सुहाये माई।
श्रवन सुनत मेरी सुध-बुध बिसरी,
लगी रहत तामें मन की गाँसूँ, री।

नेम-धरम कौन कीनी मुरलिया,
कौन तिहारे पासूँ, री।
मीरां रे प्रभु बस कर लीने,
सप्तताननि की फांसुँ, री।

हे मेरी माई, मैं कान्हा की बाँसुरी सुनकर बावरी हो गई हूँ। अब हरि के बिना मुझे कुछ भी अच्छा नहीं लगता। बाँसुरी की धुन सुनते ही मैं सुध-बुध खो बैठती हूँ। मेरा मन उसी में रम गया है। कुछ समझ में नहीं आता कि मुरली में यह कैसा जादू है।

न जाने इस मुरली ने कौन से नियम-धर्म कर रखे हैं और न जाने कौन इसके समीप होता है कि इसकी धुन इतनी आकुल-व्याकुल करती है। मीरां विनती करती है कि हे प्रभु! मुरली की तान बंद कर दो। इस तान के सात सुरों ने इस प्रकार वश में कर लिया है कि मेरे प्राण कंठ को आ जाते हैं।

मन का मैल धोओ

यहि बिधि भक्ति कैसे होय।
मन की मैल हिय तें न छूटी,
दियो तिलक सिर धोय।
काम कूकर लोभ डोरी,
बाँधि तौहिं चण्डाल।
क्रोध कसाई रहत घट में,
कैसे मिले गोपाल।

बिलार विषया लालची रे,
ताहि भोजन देत।
दीन हीन ह्वै छुधा रत से,
राम नाम न लेत।
आपहि आप पुजाय के रे,
फूले अंग न समात।

अभिमान टीला किये बहु कहु,
जल कहाँ ठहरात।
जो तेरे हिय अंतर की जानै,
तासों कपट न बनै।
हिरदे हरि को नाम न आवै,
मुख तै मनिया गनै।

हरि हितु से हेत कर,
संसार आसा त्याग।

दास मीरां लाल गिरधर
सज कर वैराग।

हे प्रभु! तुम्हीं बताओ, इस तरह से भक्ति कैसे हो सकती है? मन का मैल तो हृदय से छूटा नहीं और लोग हैं कि सिर धोकर तिलक लगा लेते हैं। चंडाल व कुत्ते की भाँति तुम वासना और लोभ की डोरी में बँधे हुए हो। कसाई-सा क्रोध तुम्हारे हृदय में उमड़ता है। फिर तुम्हें गोपाल कैसे मिल सकते हैं।

विषयरत लालची बिलाव को तुमने चित्त में बसा लिया और उसे नित भोजन देकर उसकी लालसाओं में निरंतर वृद्धि करते हो। तुम दीन-हीन व क्षुधित हो और राम का नाम ही तुम्हें विषयवासनाओं से मुक्ति दिला सकता है। फिर भी तुम उसका नाम नहीं लेते। लोग तुम्हारी वाह-वाह करते हैं और तुम आत्मप्रशंसा से भरे जाते हो।

तुमने स्वयं को अभिमान का बहुत ऊँचा टीला बना लिया है, भला उस पर विनय-भाव का जल कैसे टिक सकता है। तुम्हारे हृदय में क्या है, यह प्रभु कृष्ण भली-भाँति जानते हैं, अत: उनसे कपट करके तुम्हें कुछ प्राप्त नहीं होगा। हृदय में हरि का नाम न हो और मुख से माला के दाने गिनो तो इससे तुम पर प्रभु सदय नहीं होंगे।

हरि के हित में भले काम करो, सांसारिक इच्छाओं और आशाओं का त्याग करो, तभी प्रभु की कृपा के सच्चे अधिकारी बनोंगे। दासी मीरां लोगों को परामर्श देती हैं कि सहज वैराग्य धारण करके अर्थात् भौतिक मोह-माया को त्यागकर प्रभु से लगन लगाओ, इसी विधि से तुम्हारी भक्ति हरि को स्वीकार्य होगी।

मनमोहना से दिल लागा रे

मनमोहना से दिल लागा रे
अब कोऊ कछु कहो दिल लागा रे।
जाकी प्रीति लगी लालन से,
कंचन मिला सुहागा रे।

हंसा की गति हंसा जाने,
का जाने मर कागा रे।
तन भी लागा, मन भी लागा,
ज्यूं भ्बाभण गल धागा रे।

मीरां रे प्रभु गिरधर नागर,
भाग हमारा जागा रे।

अब कोई कुछ भी कहता रहे, मेरा दिल तो मनमोहन से लगा है। जिसकी प्रीत मनमोहन से लग जाती है उसका जीवन सोने पर सुहागा जैसा होता है।

हंस की प्रकृति मात्र हंस ही जान सकता है, बेचारा कौआ क्या जाने! मैंने तो कृष्ण के प्रेम में तन-मन इस प्रकार अर्पित कर दिया है जैसे ब्राह्मण के गले में जनेऊ।

मीरां कहती है कि मेरे प्रभु तो गिरधर नागर हैं। उनसे प्रीति करके मेरे भाग्य जाग गए।

मने चाकर राखो जी

मने चाकर राखो जी।
गिरधारी लाल चाकर राखो जी।

चाकर रहसूँ बाग लगासूँ
नित उठ दरसन पासूँ।
वृंदावन की कुंज गलिन में
तेरी लीला गासूँ।
मने चाकर राखो जी।

चाकरी में दरसन पाऊँ
सुमिरन पाऊँ खरची।
भाव-भवगति जागीरी पाऊँ
तीनों बाता सरसी।
मने चाकर राखो जी।

मोर मुकुट पीतांबर सोहै
गल बैजंती माला।
बृंदावन में धेनु चरावे
मोहन मुरली वाला।
मने चाकर राखो जी।

ऊँचे-ऊँचे महल बनाऊँ
बिच-बिच राखूँ बारी।
साँवरिया के दरसन पाऊँ

पहर कुसुंभी सारी।
मने चाकर राखो जी।

जोगी आया जोग करन कूँ
तप करणे संन्यासी।
हरी भजन कूँ साधू आया
वृंदावन के बासी।
मने चाकर राखो जी।

मीरां के प्रभु गहिरि गंभीरा
सदा रहो जी धीरा।
आधी रात प्रभु दरसन दैहें
प्रेम नदी के तीरा।
मने चाकर राखो जी।

मीरां अपने आराध्य श्रीकृष्ण से निवेदन करती हुई कहती हैं कि आप मुझे अपनी सेविका बना लीजिए।

सेविका बनकर मैं एक सुंदर बाग़ बनाऊँगी और नित्यप्रति उठने पर आपके दर्शन करूँगी। वृंदावन की कुंज गलियों में घूम-घूमकर मैं आपकी लीला का गान करूँगी। आप मुझे अपनी सेविका बना लीजिए।

आपकी सेविका बनने के बाद वेतन के रूप में मैं आपके दर्शन प्राप्त करूँगी। दैनिक व्यय के रूप में मुझे आपके स्मरण का अवसर प्राप्त हो जाएगा। भाव और भक्ति की जागीर भी मुझे प्राप्त हो जाएगी। इस प्रकार मुझे दर्शन, स्मरण और भक्ति तीनों ही वस्तुएँ प्राप्त हो जाएँगी। आप मुझे अपनी सेविका बना लीजिए।

आपने अपने मस्तक पर मोर-मुकुट धारण किया हुआ है। आपके शरीर पर पीले वस्त्र सुशोभित हो रहे हैं।

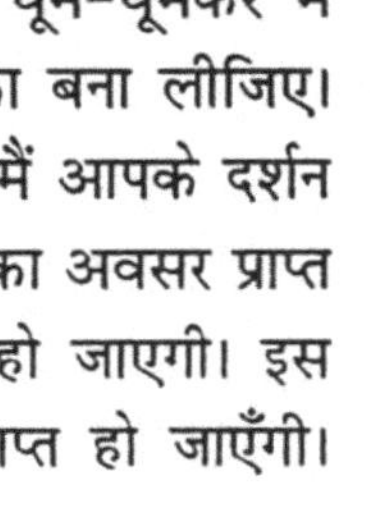

गले में वैजयंती माला शोभायमान है। मुरली बजाते हुए श्रीकृष्ण वृंदावन में अपनी गायों को चरा रहे हैं।

मीरां कहती हैं कि आपकी सेविका बनने के बाद मैं यहाँ वृंदावन में ऊँचे-ऊँचे भवनों का निर्माण कराऊँगी। उनके बीच-बीच में फूलों की क्यारियाँ लगाऊँगी। मैं केसरिया साड़ी पहनकर अपने प्यारे श्रीकृष्ण के दर्शनों का सौभाग्य प्राप्त करूँगी। आप मुझे अपनी सेविका बना लीजिए।

इस वृंदावन में योगी योग करने के लिए आते हैं, संन्यासी तप करने के लिए आते हैं, साधु भगवान का भजन करने के लिए आते हैं और यहीं के निवासी बन जाते हैं।

मीरां कहती हैं कि मेरे स्वामी श्रीकृष्ण का स्वभाव अत्यंत गंभीर है। इसलिए हे हृदय! तू धैर्य धारण कर। मुझे पूर्ण विश्वास है कि मेरे स्वामी आधी रात बीत जाने पर प्रेम-नदी के किनारे पर तुझे दर्शन अवश्य देंगे।

हे प्रिय, मुझे अपनी सेविका बना लीजिए।

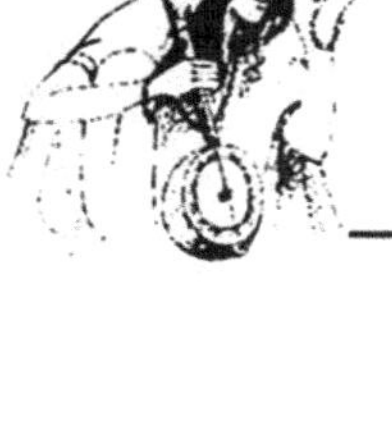

माई मेरो मोंहने मन हर्यो

माई मेरो मोहने मन हर्‍यो।
कहा करूँ कित जाऊँ सजनी,
प्रान पुरुष सूँ बर्‍यो।

हूँ जल भरने जात थी सजनी,
कलस माथे कर्‍यो।
साँवरी सी किसोर मूरत,
कछुक टोनो सर्‍यो।

लोक-लाज बिसारि डारी,
तबहीं कारज सर्‍यो।
दासि मीरां लाल गिरधर,
छान ये वर बर्‍यो।

मेरी माई, मोहन ने मेरा मन हर लिया है। उसके सिवा अब मुझे कुछ भी अच्छा नहीं लगता। मेरे प्राण सदैव उसी में अटके रहते हैं। मेरी सखी अब तू ही बता, मैं क्या करूँ, कहाँ जाऊँ?

मेरी सखी, मैं सिर पर कलश रखकर जल भरने जा रही थी। अचानक मार्ग में साँवरे की किशोर सूरत दिखाई दे गई। न जाने उसने कैसा जादू-टोना कर दिया कि मैं उसी की होकर रह गई।

मैंने लोकलाज को भुला दिया, तभी मेरा कार्य सिद्ध हो सका। कृष्ण से प्रीति करनी हो तो सांसारिकता तोड़नी पड़ती है। उसकी प्रीति का उन्माद ही ऐसा है कि लोक-लाज की सुध-बुध नहीं रहती। मीरां कहती है कि मैं गिरधर नागर की दासी हूँ, मैंने छिप-छिपकर उसको वर के रूप में वरण किया है।

माई म्हां गोविंद गुण गाणा

माई म्हां गोविंद गुण गाणा।

राजा रूठ्यां नगरी त्यागाँ,
हरि रूठ्याँ कहँ जाणा।
राणौ भेज्या विष रो प्याला,
चरणामृत पी जाणा।

काला नाग पिटारयाँ भेज्या,
सालगराम पिछाणा।
मीरां तो अब प्रेम दिवाणी,
साँवलिया वर माणा।

हे सखी! मैं तो गोविंद के ही गुण गाऊँगी।

राजा के कुपित हो जाने पर तो मैं अपने नगर को छोड़कर आ गई हूँ। किंतु यदि मेरे स्वामी श्रीकृष्ण रूठ गए तो मैं कहाँ जाऊँगी? फिर तो मेरे लिए कोई स्थान ही शेष नहीं रहेगा।

राणा ने मेरे प्राण लेने के लिए मेरे पास विष से भरा हुआ प्याला भिजवाया था, जिसे मैंने श्रीकृष्ण के चरणों का अमृत समझकर पी लिया।

इसके बाद राणा ने पिटारी में बंद करके काला साँप भेजा। जब मैंने उसे खोला तो मुझे उसमें शालिग्राम प्राप्त हुए।

मीरां तो अब श्रीकृष्ण के प्रेम में दीवानी हो गई है। मैंने साँवलिया कृष्ण को ही अपने प्रियतम के रूप में स्वीकार कर लिया है।

माई म्हारी हरिहूँ न बूझयाँ बात

माई म्हारी हरिहूँ न बूझयाँ बात।
पंड मांसूँ प्राण पापी,
निकसित क्यूँ न जात।

पटा नां खोल्या मुखाँ न बोल्या,
साँझ भयाँ प्रभात।
अबोलणां जुग बीतन लागा
कायाँ री कुसलात।

सावण आवण हरि आवण री,
सुण्या म्हाणे बात।
घेर रैंणाँ बीजु चमकाँ
बार निणताँ प्रभात।
मीरां दासी स्याम राती,
ललक जीवणाँ जात।

मेरी माई, हरि ने मुझसे एक भी बात नहीं पूछी। मुझे अचरज है कि उनकी निष्ठुरता देखकर मेरे शरीर से पापी प्राण निकल क्यों नहीं जाते।

कृष्ण ने न तो मेरा घूँघट खोला, न ही मुख से कुछ कहा। यों ही साँझ की सुबह हो गई। उसका न बोलना बहुत कष्टकर था। एक-एक पल इसप्रकार व्यतीत हो रहा था, मानो युग बीत रहे हों। बस, मेरी कुशल न पूछो।

मैंने सुन रखा है कि सावन आता है तो हरि आता है। घनघोर रात है, बिजली बार-बार चमक रही है और एक-एक पल गिनती हुई मैं सुबह कर देती हूँ। ये दासी मीरां श्याम में रत हो गई है और उनके दर्शन में जीवन बिता रही है।

मीरां मगन भई

मीरां मगन भई हरि के गुण गाय।

साँप पिटारा राणा भेज्यो,
मीरां हाथ दियो जाय।
न्हाय धोय जब देखण लागी,
सालिगराम गइ पाय।

जहर का प्याला राणा भेज्या,
अमृत दीन्ह बनाय।
न्याय धोय जब पीवण लागी,
हो गइ अमर अंचाय।

सूल सेज राणा ने भेजी,
दीज्यो मीरां सुलाय।
साँझ भई मीरां सोवण लागी,
मानों फूल बिछाय।

मीरां के प्रभु सदा सहाई,
राखे बिघन हटाय।
भजन भाव में मस्त डोलती,
गिरधर पै बलि जाय।

मीरां श्रीकृष्ण के गुणों का गायन करके आत्मविभोर हो गई।

राणा ने साँप को पिटारी में बंद करके भेजा और कहा कि इसे मीरां के हाथ में दे देना। जब मैं नहा-धोकर उसे देखने लगी तो मैंने वहाँ साँप के स्थान पर सालिगराम की मूर्ति पाई।

राणा ने मेरे प्राण लेने के लिए विष का प्याला भेजा परंतु प्रभु कृष्ण ने उसे अमृत बना दिया। जब मैंने स्नान-ध्यान करके उसे पिया तो मैं अमर हो गई।

इसके पश्चात् राणा जी ने काँटों की सेज बनवाकर भेजी और कहलाया कि मीरां को इस पर सुला देना। संध्या समय जब मैं उस पर सोने लगी तो वह शूलों की सेज फूलों की सेज बन गई।

(मीरां के) प्रभु गिरिधर नागर विघ्नों का निवारण करके सदैव मेरी सहायता करते हैं, इसलिए मैं भजन-भाव में मस्त होकर निर्भय विचरण करती हूँ तथा अपने गिरिधर गोपाल पर बार-बार न्यौछावर होती हूँ।

मीरां लागो रंग हरी

मीरां लागो रंग हरी औरन रंग अंटक परी।

चूडो म्हारे तिलक अरु माला, सील बरत सिंगारो।
और सिंगार म्हारे दाय न आवे, यों गुर ग्यान हमारो।

कोई निंदो कोई बिंदो म्हें तो गुण गोविंद का गास्याँ।
जिण मारग म्हांरा साध पधारै, उस मारग भ्हे जास्याँ।

चोरी न करस्याँ जिव न सतास्याँ, कांई करसी म्हांरो कोई।
गज से उतर के खर नहिं चढ़स्याँ, ये तो बात न होई।

मीरां को हरि का रंग लग गया है, अब उसे कोई और रंग लगने वाला नहीं है।

शील और व्रत ही मेरे श्रृंगार की चूड़ियाँ, तिलक और माला हैं। मुझे कोई और श्रृंगार करना नहीं आता। मैं तो अपने गुरु द्वारा दिए गए ज्ञान का ही अनुसरण करती हूँ।

कोई मेरी निंदा करे अथवा वंदना करे, मुझे इसकी चिंता नहीं है। मैं तो अपने गोविंद के गुणों का ही गायन करती रहूँगी। जिस मार्ग से साधु पधारेंगे, मैं भी उसी मार्ग से जाऊँगी।

मैं चोरी नहीं करती, किसी जीव को सताती नहीं। फिर मेरा कोई क्या कर लेगा? मैं हाथी से उतरकर गधे पर नहीं बैठ सकती। इसलिए यदि कोई मुझसे कहे कि कृष्ण को त्यागकर राणा को अपना सर्वस्व मानो तो यह किसी भी प्रकार संभव नहीं है।

मुरलिया बाजा जमना तीर

मुरलिया बाजा जमना तीर

मुरली म्हांरो मन हर लीन्हों,
चित्त धराँ ना धीर।

स्याम कन्हैया, स्याम कमरया,
स्याम जमन को नीर।

धुन मुरली सुन सुध-बुध बिसरी
जर-जर म्हारो सरीर।

मीरां के प्रभु गिरधर नागर,
वेग हरयाँ म्हाँ पीर।

यमुना के किनारे पर श्रीकृष्ण की मुरली बज रही है।

जब मुरली का मधुर स्वर गूँजता है तो वह मेरे मन को हर लेता है और तब मेरे हृदय में धीरज शेष नहीं रहता।

कन्हैया का नाम भी श्याम है, उनकी काँवरी भी साँवली है, यमुना का जल भी काला है।

मुरली की ध्वनि सुनकर मैं अपनी सुध-बुध भूल जाती हूँ और मेरा शरीर शिथिल हो जाता है।

मीरां के स्वामी गिरिधर गोपाल! शीघ्र ही मीरां की पीड़ा को दूर कीजिए।

मेरे घर आवो सुंदर श्याम

मेरे घर आवो सुंदर श्याम।
तुम आया बिन सुख नहीं मेरे,
पीरी परी जस पान।

मेरे आसा और न स्वामी,
एक तिहारो ध्यान।

मीरां रे प्रभु बेग मिलो अब,
राखो जी मेरो मान।

हे श्यामसुंदर! मेरे घर आओ।

तुम्हारे आए बिना मुझे किसी प्रकार का सुख नहीं है। तुम्हारे विरह में मैं पत्ते की तरह पीली पड़ गई हूँ।

हे नाथ! आपके अतिरिक्त मुझे किसी और की कोई आशा नहीं है। आप ही मेरे एकमात्र अवलंब हैं। मैं केवल आपका ही ध्यान किया करती हूँ।

मीरां कहती हैं कि हे प्रभु! आप शीघ्र ही मिलो तथा मेरी लाज रख लो। तात्पर्य यह है कि आप अपने दर्शन देकर मेरी मर्यादा और वचन की रक्षा कीजिए।

मेरे तो गिरधर गोपाल

मेरे तो गिरधर गोपाल, दूसरो न कोई।

जाके सिर मोर-मुकुट मेरो पति सोई।
छांड़ि दई कुल की कानि कहा करिहै कोई।

संतन ढिंग बैठि-बैठि लोक-लाज खोई।
असुवन जल सींचि-सींचि प्रेम-बेलि बोई।

अब तो बेल फेल गई आनंद-फल होई।
दूध की मथनिया बड़े प्रेम से बिलोई।

दधि मथि धृत काढ़ि लियो डारि दई छोई।
भगत देखि राजी हुई, जगत देखि रोई।

दासि मीरां लाल गिरधर तारो अब मोही।
मेरे तो गिरधर गोपाल दूसरो न कोई।

गिरधर गोपाल कृष्ण के अतिरिक्त मेरा कोई नहीं है।

जिनके सिर पर मोर-मकुट सुशोभित है, वे ही मेरे पति हैं। उनके लिए मैंने कुल और वंश की मर्यादा भी त्याग दी है। अब मेरा कोई क्या करेगा?

संतों के निकट बैठ-बैठकर मैंने सामाजिक लज्जा को भी तिलांजलि दे दी है। मैंने अपनी प्रेम की बेल को अपने आँसुओं के जल से सींच-सींच कर पुष्ट किया है।

अब तो प्रेम की यह बेल फैल गई है। पुष्पित और पल्लवित हो गई है। अब तो इस पर आनंदरूपी फल भी लगने लगा है।

मैंने दूध जमाने के पात्र को बड़े प्रेम से बिलोया है। उसमें जमे दही को मथकर कृष्ण-प्रेम रूपी नवनीत को निकाल लिया है और छाछ रूपी निस्सार वस्तु को छोड़ दिया है। (अर्थात् संसार की निस्सार वस्तुओं के बीच मैंने कृष्ण-प्रेम रूपी सार तत्त्व को ही ग्रहण किया है।)

कृष्ण के भक्तों को देखकर तो मुझे प्रसन्नता होती है, परंतु संसार की रीति और परंपरा को देखकर अपार दुःख होता है। हे गिरिधारी! मीरां तो आपकी दासी है। इसे भवसागर से पार कीजिए।

मेरे प्रियतम प्यारे

मेरे प्रियतम प्यारे राम कूँ
लिख भेजूँ रे पाती।
स्याम सनेसो कबहुँ न दीन्हौ,
जानि बूझ गुझबाती।

डगर बुहारूँ पथ निहारूँ,
जोइ-जोइ आखियाँ राती।
राति-दिवस मोहि कल न पड़त है,
हीयो फटत मेरी छाती।
मीरां रे प्रभु कबरे मिलोगे,
पूरब जनम का साथी।

मेरे प्रियतम! मेरे प्यारे राम, तुम्हें पाती लिखकर भेजती हूँ। किंतु श्याम ने कभी भी संदेश नहीं भेजा, जान-बूझकर अपनी बात मुझसे छिपाते हैं।

उसके आने का कोई अवसर तो निश्चित है नहीं, न जाने कब आ जाएँ! अत: मैं नित बुहारकर डगर साफ़ करती हूँ और उनका पंथ निहारती हूँ। उनकी बाट जोहते-जोहते मेरी आँखें लाल हो गई हैं। रात-दिन तड़पती रहती हूँ, एक पल भी चैन नहीं मिलता। हृदय में ऐसी पीड़ा समा गई है कि मेरी छाती फटी जाती है।

हे मीरां के प्रभु! कब आकर मिलोगे? तुम तो मेरे पूर्वजन्म के साथी हो, फिर इस जन्म में मुझसे इतनी देरी क्यों? तुम्हारे संदेश की प्रतीक्षा कर रही हूँ, अपनी बात मुझसे मत छिपाओ।

मेरो बेड़ो लगाज्यो पार

मेरो बेड़ो लगाज्यो पार प्रभु जी, मैं अरज करूँ छै।
या भव में मैं बहु दुख पायो, संसा सोग निवार।

अष्ट करम की तलब लगी है, दूर करो दुख भार।
यो संसार सब बह्यो जात है, लख चौरासी री धार।

मीरां रे प्रभु गिरधरनागर, आवागमन निवार।

हे प्रभु जी! मैं विनती करती हूँ कि मेरा उद्धार कर दो। मेरे बेड़े को उस पार लगा दो। इस संसार से मुझे विरक्ति हो गई है। यहाँ मैं बहुत दुःख पा रही हूँ। चित्त सदैव शंकाओं और शोकों से घिरा रहता है। इन सबका निवारण आप ही कर सकते हो।

संसार में रही तो बस अष्ट कर्मों की तलब लगी रहेगी और मोह-माया से कभी छुटकारा नहीं मिल सकेगा। मेरे इस दुःख के भार को आप ही दूर कर सकते हो। यह सारा संसार चौरासी लाख योनियों की धराओं में बहता चला जा रहा है अर्थात् बार-बार विभिन्न योनियों में जन्म लेकर आवागमन के चक्रव्यूह में फँसा हुआ है।

हे मीरां के गिरिधर नागर प्रभु! मेरा उद्धार करो, ताकि मेरे आवागमन का क्रम ही समाप्त हो जाए।

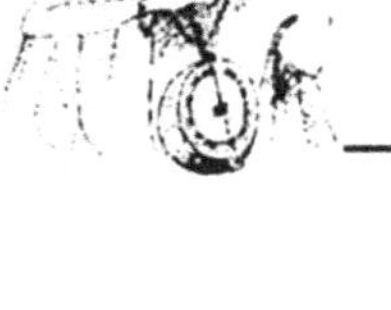

मैं गिरधर के रंग राती

मैं गिरधर के रंग राती।

पचरंग चोला पहर सखी मैं झिरमिट खेलन जाती।
ओह झिरमिट माँ मिल्या साँवरो, खोल मिली तन गाती।

जिनका पिया परदेस बसत है लिख-लिख भेजे पाती।
मेरा पिया मेरे हीय बसत है, ना कहूँ आती जाती।

चंदा जाएगा, सूरज जाएगा जाएगी धरण अकासी।
पवन पाणी दोनूँ ही जाएँगे अटल रहे अविनासी।

हे सखी! मैं तो गिरिधर के प्रेम में रंग गई हूँ।

मैं पंचरंगी चोला पहनकर झिरमिट खेलने जाती हूँ। उसी झिरमिट के खेल में मुझे मेरा प्रियतम साँवरा श्रीकृष्ण मिल गया, जिसे देखते ही मैं अपना घूँघट हटाकर उससे आलिंगनबद्ध हो गई।

हे सखी! जिनके पति परदेश में रहते हैं, वे उन्हें पत्र लिख-लिखकर भेजती हैं। मेरा प्रिय तो मेरे ह्दय में निवास करता है। इसलिए न मैं कहीं आती हूँ और न कहीं जाती हँ। अर्थात् मैं तो जब चाहती हूँ अपने ह्दय में विद्यमान प्रियतम के दर्शन कर लेती हूँ।

यह संसार क्षणभंगुर है। एक दिन ऐसा आएगा कि चाँद, सूरज धरती और आकाश सभी नष्ट हो जाएँगे। यहाँ तक कि पवन और पानी भी समाप्त हो जाएँगे। केवल अविनाशी ईश्वर ही विद्यमान रहेगा।

मैं जाण्यो नहीं प्रभु को

मैं जाण्यो नहीं प्रभु को
मिलन कैसे होय री।
आए मोरे सजना,
फिरी गए अँगना,
मैं अभागन रही सोय री।

फारूँगी चीर, करूँ गलकंथा,
रहूँगी वैराग्य होय री।
चूड़ियाँ फोरूँ, माँग बिखेरूँ,
कजरा मैं डारूँ धोय री।

निसि-बासर मोहिं बिरह सतावै,
कल न परत पल मोय री।
मीरां के प्रभु हरि अबिनासी,
मिली बिछुड़ी मत कोय री।

मैं नहीं जानती कि प्रभु से मिलन कैसे होगा? मेरे साजन आए तो थे, किंतु आँगन से वापस चले गए, क्योंकि मैं अभागिन उस समय सो रही थी।

अब मैं कपड़ा फाड़कर गलकंथा बनाकर वैरागिन बनकर रहूँगी। चूड़ियाँ फोड़ दूँगी, माँग बिखेर दूँगी और काजल को धो दूँगी।

मुझे रात-दिन विरह-वेदना सताती रहती है। एक पल को भी चैन नहीं मिलता। हे मीरां के अविनाशी प्रभु, मिलने के बाद किसी को बिछड़ने मत दो। बिछड़ने की व्यथा असहनीय होती है।

मैं गिरधर आगाँ नाच्याँ री।

मैं गिरधर आगाँ नाच्याँ री।
नाच-नाच म्हाँ रसिक रिझावाँ,
प्रीत पुरांतन जांच्याँ री।

स्याम प्रीत री बाँधि घुँघर्‌याँ
मोहन म्हारो सांच्याँ री।
लोक-लाज कुलरा मरज्यादाँ
जगमाँ नेक ना राख्याँ री।

प्रीतम पल छब ना बिसरावाँ,
मीरां हरि रंग राच्याँरी।

मैं गिरधर के सम्मुख नृत्य करूँगी। नाच-नाचकर मैं रसिक को रिझाऊँगी और अपनी पुरातन प्रीत की जाँच करूँगी।

मैंने श्याम की प्रीत के घुँघरू बाँध लिए हैं। मेरा मोहन सच्चा है। मैंने लोक-लाज और कुल की मर्यादा का परित्याग कर दिया है।

मैं एक पल को भी प्रीतम की छवि विस्मृत नहीं कर सकती। मीरां तो हरि के रंग में रच-बस गई है।

मैं तो गिरधर के घर जाऊँ

मैं तो गिरधर के घर जाऊँ
गिरधर म्हारो साँचो प्रीतम देखत रूप लुभाऊँ।
रैन-पड़े तब ही उठि जाऊँ भोर भये उठि आऊँ।
रैन दिना बाके सँग खेलूँ ज्यूँ-त्यूँ ताहि रिझाऊँ।

जो पहिरावै सोई पहिरूँ जो दे सोई खाऊँ
मेरी उनकी प्रीति पुरानी उन बिन पल न रहाऊँ।
जहाँ बैठावे तितहीं बैठूँ बेचै तो बिक जाऊँ।
मीरां के प्रभु गिरधर नागर बार-बार बलि जाऊँ।

मीरांबाई भक्तिभाव से भरकर कह रही हैं कि मैं तो अपने गिरिधर गोपाल के घर जाऊँगी।

गिरिधर कृष्ण ही मेरे सच्चे प्रियतम हैं। उनके रूप को देखकर मैं उनके प्रति लोभित हो गई हूँ।

अपने प्रियतम से मिलने के लिए मैं नित्य रात होते ही उनके पास चली जाऊँगी तथा प्रातः होते ही लौट आऊँगी। मैं रात-दिन उनके साथ क्रीड़ा करूँगी और हर संभव उपाय से उन्हें रिझाऊँगी।

वे मुझे जैसे भी रखेंगे, वैसे ही रह लूँगी। जो पहराएँगे, पहन लूँगी। जो भी खिलाएँगे, खा लूँगी। मेरा और उनका प्रेम तो जन्म-जन्मांतरों का है। उनके बिना मैं एक पल के लिए भी नहीं रह सकती। वे मुझे जहाँ बैठाएँगे वहीं बैठ जाऊँगी। यदि वे मुझे बेचना चाहेंगे तो बिक भी जाऊँगी, (अर्थात् मीरां अपने प्रियतम कृष्ण के प्रति पूरी तरह समर्पित है।)

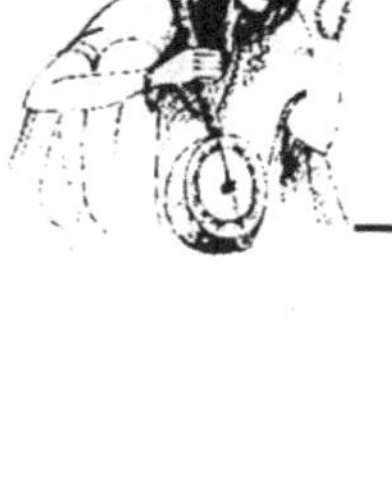

मीरां कहती हैं कि मेरे आराध्य तो वे गिरिधर श्रीकृष्ण हैं। उन पर मैं बार-बार बलिहारी हूँ।

मैं तो तेरी सरण परी रे रामा

मैं तो तेरी सरण परी रे रामा,
ज्यूं जाणो त्यूँ तार।

अड़सठ तीरथ भ्रमि-भ्रमि आयो,
मन नहीं मानी हार।

या जग में कोई नहिं अपणाँ,
सुणियौ श्रवण मुरार।

मीरां दासी राम भरोसे,
जग का फंद निवार।

मेरे राम, मैं तो तुम्हारी शरण में आ पड़ी हूँ, जैसे चाहते हो मुझे तारो।

मैं अड़सठ तीर्थों का भी भ्रमण करके आ गई हूँ, कहीं भी शांति प्राप्त नहीं हुई। किंतु मेरे मन ने अभी हार नहीं मानी है।

मैं सच कहती हूँ, इस जग में आपके अतिरिक्त मेरा अपना कोई नहीं है। अतः मेरे मुरारी, मेरी विनती ध्यान से सुनिए।

यह मीरां केवल आपकी दासी है और आपके भरोसे ही रहती है। अतः यम का फंदा गले से निकालकर मुझे मुक्ति प्रदान कीजिए।

मैं तो तोरे चरन लगी

मैं तो तोरे चरन लगी गोपाल।

जब लागी तब कोउ न जाने,
अब जानी संसार।
किरपा कीजौ, दरसण दीजौ,
सुध लीजौ तत्काल।
मीरां कहै प्रभु गिरधर नागर,
चरण-कमल बलिहार।

मीरां श्रीकृष्ण से निवेदन करती हुई कहती हैं कि हे प्रभु! मैं तो आपके चरणों में आ लगी हूँ।

जब प्रथम बार आपसे यह अनुराग लगा था, तब यह भेद किसी ने नहीं जाना था। अब तो यह बात सर्वविदित हो गई है। अर्थात् अब तो हमारे प्रेम को सारा संसार जानता है।

हे प्रभु! अब आप हमारी प्रीति के प्रकट होने की प्रतीक्षा न करके मेरे ऊपर कृपा कीजिए और मुझे अपने दर्शन दीजिए। जब किसी प्रकार का भय ही नहीं है तो आप बिना किसी देर के मेरी सुधि लीजिए।

मीरां कहती हैं कि हे प्रभु, गिरिधर नागर! मैं आपके चरण-कमलों पर बलिहारी हूँ।

मैं तो लियो गोविंदा मोल

माई री! मैं तो लियो गोविंदा मोल।

कोई कहै छानै, कोई कहै चौड़े, मैं तो लियो बजंता ढोल।
कोई कहै महँगो, कोई कहै सुहंगो, मैं तो लियो तराजू तोल।

कोई कहै कारो, कोई कहे गोरो, लियो री अमोलिक मोल।
तन वाराँ मैं, जीवन वाराँ, वाराँ री अमोलक मोल।

मीरां कूँ प्रभु दरसन दीज्यो पूरब जनम को कोल।

सखी री, मैंने तो गोविंद को मोल ले लिया है अथवा मैंने गोविंद को सदा के लिए अपना बना लिया है।

कोई कहता है कि मैंने यह प्रणय-व्यापार छिपकर किया है, कोई कहता है कि प्रकट में किया है। मैंने तो खुलेआम डंके की चोट पर प्रियतम श्याम का वरण किया है।

कोई कहता है कि यह सौदा महँगा पड़ा है, कोई कहता है कि यह सस्ता मिला है। परंतु मैंने तो तराजू से तोलकर (हानि-लाभ का पूरा विचार करके) श्याम-प्रेम का यह सौदा किया है।

कोई कहता है कि मेरा प्रियतम साँवला है, कोई उसे गोरा बताता है, परंतु जो भी हो मैंने तो अमूल्य वस्तु मोल ले ली है।

मैंने तो उन पर अपना तन और जीवन न्यौछावर कर दिया है और जीवन की अमूल्य वस्तु भी न्यौछावर कर दी है।

मीरां के प्रभु। पूर्व जन्म में दिए गए वचन का स्मरण करके अपनी इस प्रेमदीवानी को दर्शन दीजिए।

मैं तो साँवरे के रंग राँची

मैं तो साँवरे के रंग राँची।

साजि सिंगार, बाँध पग घुंघरू
लोकलाज तजि नाँची।
गई कुमति, लई साधु की संगत
भगत रूप भई साँची।

गाइ-गाइ हरि के गुन निसिदिन
काल-ब्याल सों बाँची।
उन बिन सब जग खारो लागत
और बात सब काँची।

मीरां श्री गिरिधरन लाल सूँ
भगति रसीली जाँची।

हे सखी! मैं तो साँवरे श्रीकृष्ण के रंग में रँग गई हूँ।

मैं सोलह श्रृंगार सजाकर, पैरों में घुँघरू बाँधकर, लोक-लज्जा को त्यागकर (प्रेम में उन्मुक्त होकर) नाची हूँ। संत-संगति के प्रभाव से मेरा अविवेक समाप्त हो गया है, जिससे मैं सच्चे भक्त-स्वरूप को प्राप्त हुई हूँ।

रात-दिन श्रीकृष्ण के गुणों का गान करके मैं काल-रूपी सर्प से बच गई हूँ। अब तो श्रीकृष्ण के प्रेम का रंग मुझ पर ऐसा चढ़ गया है कि उनके बिना सारा संसार खारा (कटु) लगता है। संसार के सारे प्रपंच क्षणभंगुर प्रतीत होते हैं।

मीरां ने तो श्री गिरिधर गोपाल की आनंददायिनी प्रेमाभक्ति की याचना की है। मीरां कहती हैं कि मैं श्रीकृष्ण के रंग में रँग गई हूँ।

मैंने राम रतन धन पायो

मैंने राम रतन धन पायो।
वस्तु अमोलक दी मेरे सतगुरु करि किरिपा अपनायो।
मैंने राम रतन धन पायो।
जनम-जनम की पूँजी पायी, जग में सबै खोबायो।
खरचे नहिं, कोई चोर न लेवै, दिन-दिन बढ़त सवायो।
मैंने राम रतन धन पायो।
सत की नाव खेवटिया सतगुरु भव-सागर तरि आयो।
मीरां के प्रभु गिरधर नागर हरखि-हरखि जस गायो।
मैंने राम रतन धन पायो।

मीरां कहती हैं कि मैंने राम नाम का परम धन प्राप्त कर लिया है। परम संपदा प्राप्त कर ली है।

मेरे सतगुरु ने मुझे राम-नाम की अमूल्य संपदा प्रदान की। (मुझमें तो कोई पात्रता भी नहीं थी किंतु सतगुरु ने) मुझ पर कृपा करके उन्होंने मुझे अपना बना लिया।

मैंने जन्म-जन्मांतरों से अप्राप्य पूँजी को प्राप्त कर लिया और सांसारिक वासनाओं को पूरी तरह विस्मृत कर दिया। राम-नाम की पूँजी ऐसी अद्‌भुत पूँजी है जो ख़र्च करने पर ख़र्च नहीं होती, इसे चाहकर भी कोई चुरा नहीं सकता अपितु यह दिन-प्रतिदिन बढ़ती ही जाती है। सवाई होती जाती है।

मीरां कहती हैं कि मैंने सत की नाव बनाई, सतगुरु उसका खेवटिया (माझी) था। उसने मुझे भवसागर से पार उतार दिया। हे गिरिधर नागर कृष्ण! आपने मुझे इतना दिया है कि अब तो मैं निरंतर प्रसन्नतापूर्वक आपके यश का ही गान कर रही हूँ।

मैं विरहणि बैठी जागूँ

मैं विरहणि बैठी जागूँ, जगत सब सोवे री आली।

विरहणि बैठी रंगमहल में, मोतियन की लड़ पावै।
इक विरहणि हम ऐसी देखी, आँसुवन की माला पावै।

तारा गिन-गिन रैण बिहानी, सुख की घड़ी कब आवै।
मीरां के प्रभु गिरधर नागर, मिल के बिछुड़ न जावै।

अपनी व्यथा को व्यक्त करते हुए मीरां अपनी सखी से कहती है कि जब सारा संसार सुखपूर्वक नींद में निमग्न रहता है, उस समय मैं अपने प्रियतम के वियोग में दु:खी मन से रात-भर उनकी प्रतीक्षा करती हूँ और प्रतीक्षा में जागती रहती हूँ।

मीरां कहती हैं कि एक विरहणी ऐसी भी है, जो अपने रंगमहल में बैठी हुई इस आशा में मोतियों की माला पिरोती रहती है कि जब उसके प्रियतम लौटकर आएँगे तो वह अपने प्रेम की प्रतीक वह माला अपने प्रियतम को भेंट करेगी, लेकिन मैं तो ऐसी विरहणी हूँ, जो रात-दिन अपने प्रियतम के वियोग में आँसुओं की माला पिरोती रहती हूँ।

मैं तारों को गिन-गिनकर इस आशा में अपनी रात व्यतीत करती हूँ कि शायद मेरे प्रियतम आ जाएँ और मेरे जीवन में भी सुख के पल लौटकर आ जाएँ। मीरां कहती हैं कि गिरिधर नागर श्रीकृष्ण मेरे स्वामी हैं। मेरा निवेदन है कि आप मुझे मिलने के बाद मुझसे अलग न हों।

म्हांने या बदनामी लागे मीठी

राणा जी म्हांने या बदनामी लागे मीठी।
कोई निंदो कोई बिंदो,
मैं चलूँगी चाल अनूठी।

साँकड़ली सेर्‌याँ जन मिलिया,
क्यूँ कर फिरूँ अपूठी।
सत संगति मा ग्यान सुणैछी
दुरजन लोगाँ ने दीठो।

मीरां रो प्रभु गिरधर नागर,
दुरजन जलो जा अगीठी।

राणा जी, मैं साँवरिया से प्रीत करती हूँ, इस कारण मेरी जो बदनामी हो रही है वह मुझे भली लगती है। कोई निंदा करे अथवा वंदना, मैं तो अपनी अनूठी चाल ही चलूँगी। मेरे प्रेम में कोई अंतर पड़नेवाला नहीं है।

सँकरी गली में जो ज्ञान मुझे मिला है, उस ज्ञान के बाद मैं अपनी राह से विमुख नहीं हो सकती। मैं संतों के सान्निध्य में बैठकर ज्ञान की बातें सुनती हूँ, यह देखकर दुर्जन मुझे बदनाम करते हैं।

हे मीरां के गिरधर नागर प्रभु, मैं तुमसे प्रीत करती हूँ, इसलिए दुर्जन ईर्ष्या की अग्नि से जलते हैं। बदनामी करनेवाले इन दुर्जनों द्वारा गई की बदनामी से मैं तनिक भी विचलित होनेवाली नहीं हूँ।

म्हांने लागे वृंदावन नीको

आली म्हांने लागे वृंदावन नीको।

घर-घर तुलसी ठाकुर पूजा, दरसन गोविंद जी को।
निरमल नीर बहत जमुना में भोजन दूध दही को।
आली म्हांने लागे वृंदावन नीको।

रतन सिंहासन आप विराजै मुकुट धर्‌यों तुलसी को।
कुंजन-कुंजन फिरत राधिका सबद सुनत मुरली को।
आली म्हांने लागे वृंदावन नीको।

मीरां के प्रभु गिरधर नागर भजन बिना नर फीको।
आली म्हांने लागे वृंदावन नीको।

हे सखी! वृंदावन मुझे बहुत अच्छा लगता है।

इस वृंदावन में घर-घर में तुलसीदल द्वारा श्रीकृष्ण की पूजा की जाती है। वहाँ पर श्रीकृष्ण के दर्शन भी सरलता से हो जाते हैं।

वृंदावन के अतुलित सौंदर्य का अंकन करते हुए मीरांबाई कह रही हैं कि वृंदावन में प्रवाहित यमुना का जल अत्यधिक पावन और निर्मल है। भोजन के रूप में वहाँ दूध-दही पर्याप्त मात्रा में उपलब्ध है।

हे प्रभु! आप स्वयं तो तुलसी का मुकुट धारण करके रत्न-जड़ित सिंहासन पर विराजमान रहते हो, जबकि आपकी दीवानी राधा आपकी मुरली का सुमधुर स्वर सुनने के लिए एक-एक कुंज में भटकती रहती है।

प्रेम की आराधिका मीरांबाई कहती हैं कि मेरे प्रभु तो गिरिधर नागर श्रीकृष्ण हैं। उनके गुणकीर्तन के बिना व्यक्ति का जीवन निरर्थक है।

म्हारे घर रमतो ही जोगीया

म्हारे घर रमतो ही जोगीया, तू आवं।
कानाँ बिच कुंडल गले बिच सेली,
अंग भभूत रमाय।

तुम देख्याँ बिन कल न पड़त है,
ग्रिह अँगणो न सुहाय।

मीरां रे प्रभु हरि अबिनासी,
दरस द्यौन मोकूँ आय।।

हे मेरे जोगिया, घूमते-फिरते कभी मेरे घर आ जाओ। आकर देखो तो, मैंने आपके विरह में कैसा वेश धारण कर रखा है? कानों में कुंडल और गले में माला डाल ली है और तन पर भभूत रमा रखी है।

तुम्हें देखे बिना मुझे चैन नहीं मिलता है। अपना घर और आँगन भी अच्छा नहीं लगता है।

बस, एक ही लगन है कि आप कब आकर दर्शन दोगे। हे मीरां के अविनाशी प्रभु, अब देर मत कीजिए। जल्दी से दर्शन देकर मेरी बेचैनी दूर कर दीजिए।

म्हारे नैणा आगे रहज्यो जी

पिया जी! म्हारे नैणा आगे रहज्यो जी।

नैणा आगे रहज्यो जी,
म्हांने भूल मत जाज्यों जी।
भौ भागर में बही जात हूँ,
बेग म्हारी सुध लीज्यो जी।

राणा जी भेज्या विष का प्याला,
सो इमरित कर दीज्यो जी।
मीरां के प्रभु गिरधर नागर,
मिल बिछुड़न मत कीज्यो जी।

हे प्रियतम! आप सदैव मेरी आँखों के सामने ही रहिएगा।

आप निरंतर अपने दर्शनों का सुख देते रहिएगा और हमें भूल मत जाइएगा। हे श्याम, मैं इस भवसागर में बही जा रही हूँ। इसलिए तत्काल सुधि लेकर मेरा उद्धार कीजिएगा।

राणा जी ने मेरे प्राण लेने के लिए मेरे पास विष का प्याला भेजा था, तब आपने उसे तत्काल अमृत बना दिया था। मीरां कहती हैं कि हे प्रभु गिरिधर नागर! आप मिलकर अब बिछुड़ मत जाइएगा।

म्हारो ओलगिया घर आयो जी

म्हारो ओलगिया घर आयो जी।
तरणी ताप मिट्याँ सुख पास्याँ,
हिलमिल मंगल गायो जी।

घणरी धुन सुण मोर मगण भयाँ,
म्हारे आँगन आयो जी।
चंदा देख कमोदण फूलाँ,
हरख भयाँ म्हारे छायो जी।

रूम-रूम म्हारो सीतल सजनी,
मोहन आँगण आयो जी।
सब भगतांरा कारज साधाँ,
म्हारा परण निभायो जी।
मीरां विरहण गिरधर नागर,
मिल दुख दंदा छायो जी।

हे मेरे परदेसी! घर आ जाओ। तुम्हारे आते ही मेरे तन का ताप मिट जाएगा, मुझे सुख मिल जाएगा और हम सब मिलकर मंगल के गीत गाएँगे।

बादलों की धुन सुनकर मोर मगन हो रहे हैं। ऐसे में तुम मेरे आँगन में आ जाओ। चंद्रमा को देखकर कुमुदिनी भी हर्ष से फूलने लगी है। तुम भी प्रसन्नतापूर्वक मेरे घर आ जाओ।

हे प्रियतम, तुम्हारे आने से मेरा रोम-रोम शीतल हो जाएगा। तुमने अपने भक्तों का कार्य हमेशा सिद्ध किया है, तुम मेरा प्रण पूरा क्यों नहीं करते हो। हे गिरिधर नागर! विरहिणी मीरां का दुःख भी समझो और मेरे कष्टों का निवारण करो।

म्हांरो जनम-मरण को साथी

म्हांरो जनम मरण को साथी
थांने नहीं बिसरूँ दिन राती।

तुम देख्याँ बिन कल न पड़त है,
जानत मेरी छाती।
ऊँची चढ़-चढ़ पंथ निहारूँ,
रोवं-रोवं अँखिया राती।

यों संसार सकल जग झूठी,
झूंठा कुलरा न्याती।
दोउ कर जोड़्याँ अरज करत हूँ,
सुण लीजो मेरी बाती।

यो मन मेरो बड़ो कुचाली,
ज्यूँ मदमातो हाथी।
सतगुरु दस्त धर्‌यो सिर ऊपर,
अंकुस दे समझाती।

पल-पल तेरा रूप निहारूँ,
निरख-निरख सुख पाती।
मीरां के प्रभु गिरधर नागर,
हरि चरणा चित राती।

मीरां कहती हैं कि आपका और मेरा संबंध जन्म-मृत्यु का है इसलिए मैं आपको किसी भी क्षण, रात-दिन, एक

पल के लिए भी विस्मृत नहीं कर सकती।

आपके दर्शन के बिना मुझे एक क्षण के लिए भी चैन नहीं मिल सकता। यह बात मेरा हृदय भली-भाँति स्वीकार करता है। मैं निरंतर अपनी ऊँची अटारी पर चढ़कर आपकी बाट देखती रहती हूँ। आपकी प्रतीक्षा में रोते-रोते मेरी आँखें लाल हो गई हैं।

यह संसार असत्य है, छल से भरा हुआ है और इसके सभी संबंध भी असत्य हैं। परिवार के सदस्यों का पारस्परिक संबंध भी दिखावामात्र है। मैं आपसे करबद्ध प्रार्थना करती हूँ। मेरी इस बात को ध्यानपूर्वक सुन लीजिए।

मेरा यह मन अत्यधिक दुष्ट प्रकृति का है। यह मदमाते हाथी के समान निरंकुश भी है। मैं अपने मन को वश में करके बार-बार समझाती हूँ कि उसे इस प्रकार निरंकुश होकर घूमना शोभा नहीं देता, क्योंकि उसके सिर पर सद्‌गुरु ने अपनी कृपा का हाथ रखा हुआ है।

मैं हर पल आपके मनोहारी रूप को निहारती रहती हूँ और उस रूप को देख-देखकर सुख का अनुभव करती हूँ। मेरे स्वामी तो गिरिधर नागर श्रीकृष्ण हैं। मेरा मन तो उन्हीं के पावन चरणों में अनुरक्त है।

म्हारो मन साँवरो नाम रट्यारी

म्हारो मन साँवरो नाम रट्यारी।
साँवरो नाम जपा जग प्राणी,
कोट्याँ पाप कट्यारी।

जनम-जनम री खताँ पुरानी,
नाम स्याम मट्यारी।
कनक कटोराँ इम्रत भर्याँ,
पीवन कन नट्यारी।

मीरां रे प्रभु हरि अबिनासी,
तन-मन स्याम पट्यारी।

मेरा मन सदैव साँवरे का नाम रटता रहता है। हे जगत् के प्राणियो! तुम भी साँवरे के नाम का जप करो, तुम्हारे करोड़ों पापों का नाश हो जाएगा।

श्याम का नाम लेते ही जनम-जनम के तुम्हारे अपराधों का शमन हो जाएगा। श्याम का नाम तो ऐसा है, जैसे सोने के कटोरे में अमृत भरा हो। इसे पीने से तुम्हें कोई मना करनेवाला नहीं है।

मीरां कहती हैं कि गिरिधरनागर प्रभु मेरे तन-मन में समाहित है। न वह मुझसे अलग है और न मैं उससे। हम दोनों एकाकार हो गए हैं।

म्हारो मन हर लीन्या रणछोड़

म्हारो मन हर लीन्या रणछोड़।
मोर मुकट सिर छत्र बिरांजाँ
कुंडल री छब ओर।

चरण पखार्यां रतनागर री,
धारा गोमत जोर।
धका पताकाँ तट-तट राजाँ
झांलर री झकझोर।
भगत जणारो काज सँवार्या
म्हारा प्रभु रणछोर।

मीरां रे प्रभु गिरधरनागर,
गह्यो नंदकिशोर।

मेरे रणछोड़ ने मेरा मन हर लिया है। प्यारे श्रीकृष्ण की छवि का क्या वर्णन करूँ? मेरे कान्हा के सिर पर मोर-मुकुट और छत्र विराजमान है और कुंडल की सुंदरता का तो कहना ही क्या!

मेरे कान्हा के चरणों को समुद्र प्रक्षालित करता है। वहीं गोमती की धारा भी वेग से बहती है। तट-तट पर उसकी ध्वजा और पताकाएँ सजी हुई हैं और हवा झालरों को झकझोर रही है।

मेरा प्रभु इतना दयालु है कि अपने भक्तजनों का काम सँवार देता है। हे प्रभु गिरिधर नागर! मेरे नंदकिशोर, मेरा हाथ थाम लो, मैं आपकी शरण में हूँ।

म्हारो साँवरो ब्रजवासी

म्हारो साँवरो ब्रजवासी।
जग सुहाग मिथ्यारी सजणी,
होवाँ हो मट जासी।

बरन कर्‌याँ अबिनासी म्हारो,
काल व्याल णा खासी।
म्हारो प्रीतम हिरदाँ बसताँ,
दरस लह्याँ सुखरासी।

मीरां के प्रभु अबिनासी,
सरण गह्याँ थें दासी।

मेरा साँवरिया ब्रज में रहता है। हे सजनी, सांसारिक सुहाग मिथ्या है। इसका होना न होना व्यर्थ है, क्योंकि इसको एक दिन मिट जाना है।

मैंने तो अपने अविनाशी को वर लिया है, जिसे काल का नाग खा ही नहीं सकता। मेरा प्रीतम हृदय में बसता है। हर पल मैं सुखराशि कृष्ण का दर्शन कर पाती हूँ।

मीरां के हे अविनाशी प्रभु, यह दासी तुम्हारी शरण में है, इस पर अपनी कृपा बनाए रखिएगा।

यो तो रंग धत्ता लग्यो

यो तो रंग धत्ता लग्यो ऐ माय।
पिया पियाला अमर रस का,
चढ़ गई घूम घुमाय।
यो तो अमल म्हांरो कबहुँ न उतरे,
कोट करो न उपाय।

साँप पिटारो राणाजी भेज्यो,
द्यो मेड़तड़ी गल डार।
हँस-हँस मीरां कंठ लगायो,
ये तो म्हारे नौसर हार।

विष का प्याला राणो जी मेल्यो,
द्यो मेड़तणी ने पाय।
कर चरणामृत पी गई रे,
गुण गोबिंद रा गाय।

पिया पियाला नाम का रे,
और रंग सोहाय।
मीरां कहै प्रभु गिरधर नागर,
काचो रंग उड़ जाय।

मेरी माई, यह तो मुझ पर साँवरे की प्रीत का रंग चढ़ा है। अमर रस का प्याला पीकर मैं होश में नहीं रही, निरंतर गोल-गोल घूमती जा रही हूँ। यह तो ऐसा नशा है, जो कभी नहीं उतरेगा।

राणाजी ने साँप की पिटारी भेजी थी, जिसे मेड़ता वाली (मीरां) ने गले में डाल दिया गया। मीरां ने हँसकर उसे कंठ से लगाया। मानो वह मेरा नौ लड़ी का नीलम हार हो।

फिर राणा जी ने विष का प्याला भेजा, जिसे मेड़ता वाली ने ले लिया। मैंने उसे चरणामृत मानकर गोविंद का गुण गाते हुए पी लिया।

मैंने श्याम के नाम का प्याला पिया है, अतः मुझे अन्य कोई रंग नहीं सुहाता। मीरां कहती है, मुझ पर प्रभु गिरिधर नागर का गहरा रंग चढ़ा है, यह कच्चा रंग नहीं, जो उड़ जाएगा।

रमैया बिन नींद न आवै

रमैया बिन नींद न आवै।
नींद न आवै, विरह सतावै, प्रेम की आँच डुलावै।
बिन पिया जोत मंदिर अँधियारो, दीपक दाय न आवै।

पिया बिन मेरी सेज अलूनी, जागण रैण बिहावै।
पिया कबरे घर आवै।

दादुर, मोर, पपीहा बोले, कोयल सबद सुणावै।
घुमट घटा ऊलर चढ़ि आई, दामिन दमक डरावै।
नैन झर लावै।

कहाँ करूँ, कित जाऊँ मोरी सजनी, वेदन कूण बुलावै।
विरह नागन मोरी काया डसी है, लहर-लहर-जिव जावै।
जड़ी घस लावै।

को है सखी सहेली सजनी, पिया कूँ आन मिलावै।
मीरां कूँ प्रभु कबरे मिलोगे, मन-मोहन मोहि भावै।
कब हंस कर बतलावै।

रमैया (कृष्ण) के बिना मुझे नींद नहीं आती। एक तो नींद नहीं आती, ऊपर से विरह सताता है। प्रेम की आग मुझे व्याकुल किए रहती है। प्रियतम की ज्योति के बिना मेरे भवन में अँधेरा छाया रहता है। दीपक का प्रकाश मुझे अच्छा नहीं लगता।

प्रियतम के बिना मेरी शय्या भी सूनी है। जागते-जागते ही सारी रात बीत जाती है। हाय! प्रियतम न

जाने कब घर आएँगे?

पावस ऋतु आ गई है। मेढक, मोर और पपीहा बोलने लगे हैं। कोयल अपनी मीठी तान सुनाने लगी है। सावन की घटाएँ उमड़-घुमड़कर छा गई हैं और उनमें चमकने वाली बिजली मुझे भयभीत कर रही है। ऐसे में प्रियतम की याद कर आँखों से आँसुओं की झड़ी लग जाती है।

मेरी प्यारी सखी! अब तू ही बता कि मैं क्या करूँ? कहाँ जाऊँ? इस विरह की आग को कैसे शांत करूँ? विरह की नागिन ने मेरी काया को डस लिया है। उसका विष मेरे अंग-अंग में फैलता जा रहा है। इस विरह के विष का प्रभाव दूर करने के लिए कौन जड़ी को घिसकर लाएगा?

मेरी सभी सखियों में कौन-सी सखी ऐसी है, जो मुझे प्रियतम से मिला देगी। मीरां कहती हैं कि मेरे आराध्य प्रियतम! तुम मुझसे कब मिलोगे? मनमोहन! मैं तुम पर मोहित हो गई हूँ। तुम कब मुझसे प्रेमपूर्वक हँस-हँसकर बात करोगे?

रमइया मेरे तोही सूं लागी नेह

रमइया मेरे तोही सूँ लागी नेह।
लागी प्रीत जिन तोड़ै रे बाला, अधिकौ कीजै नेह।

जो हूँ ऐसी जानती रे बाला, प्रीत कियाँ दुष होय।
नगर ढिंढोरो फेरती रे, प्रीत करो मत कोय।

खीर न खाजे आरी रे, मूरष न कीजै मिन्त।
क्षण ताता, क्षण सीतला रे, क्षण बैरी, क्षण मिन्त।

प्रीत करै ते बाबरा रे, करि तोड़ै ते क्रूर।
प्रीत निभावण दल के षभण, ते कोई बिरला सूर।

तम गजगीरी कौं चूंतरौरे, हम बालु की भीत।
अब तो म्याँ कैसे बणै रे, पूरब जनम की प्रीत।

एकै थाणो रोपिया रे, इक आंबो इक बूल।
बाकौ रस नीकौ लगै रे, बाकी भागै सूल।

ज्यूँ डूगर का बाहला रे, यूँ ओछा तणा सनेह।
बहता बेता उतावला रे, वहैजी वे तो लटक बतावे छेह।

आयो साँवण भादवा रे, बोलण लागा मोर।
मीरां कूँ हरिजन मिल्या रे, ले गया पवन झकोर।

रमैया, मेरी प्रीत तुमसे ही लगी है। यह जो प्रीत लगी है, इसे तोड़ना मत बल्कि मुझसे अधिक स्नेह करना।

यदि मैं पहले जानती कि प्रीत करने से दुख होता है तो मैं नगर-नगर में ढिंढोरा पिटवा देती कि कोई प्रीत करने की भूल न करे।

खीर को आरी से नहीं खाया जाता। मूर्ख से मित्रता करने की भूल नहीं करनी चाहिए। मूर्ख क्षण में ही ठंडा पड़ जाता है और क्षण में ही गर्म। वह क्षण में दुश्मन बन जाता है और क्षण में ही मित्र।

प्रीत करनेवाला पागल होता है। प्रेम करके उसे तोड़नेवाला अत्यंत क्रूर होता है। जो समस्त विघ्नों को पार कर प्रीत निभाता है, ऐसा सूरमा विरला ही होता है।

तुम मजबूत चबूतरे हो तो मैं बालू की कमज़ोर दीवार। अब तो कुछ नहीं हो सकता। मेरे प्रीतम, यह पूर्वजन्म की प्रीत है।

आम और बबूल का पेड़ आसपास रोपा जाए तो भी उनका स्वभाव नहीं बदलता। आम के फल मीठे होंगे और बबूल के पेड़ में काँटे ही उगेंगे। जिस प्रकार ऊँचाई से गिरनेवाला जल शुरू में तो तीव्रता से बहता है, फिर मंद पड़ जाता है, उसी प्रकार तना हुआ स्नेह भी ओछा होता है।

भादो-सावन का महीना आ गया है और मोर बोलने लगे हैं। मीरां को तो हरि मिल गया, जो मुझे पवन के झोंके की भाँति उड़ाकर ले गया।

राणा जी ने जहर दियो

राणा जी ने जहर दियो म्हे जाणी।
जैसे कंचन दहत अगनि में, निकसत बाराबाणी।

लोकलाज कुल काण जगत की, दइ बहाय जस पाणी।
अपणे घर का परदा करले, मैं अबला बौराणी।

तरकस तीर लग्यो मेरे हियरे, गरक गयो सनकाणी।
सब संतन पर तन-मन वारों, चरण कँवल लपटाणी।

मीरां को प्रभु राखि लई है, दासी अपणी जाणी।

राणा जी, आपने मुझे ज़हर दिया था, यह मैं जानती हूँ। फिर भी जैसे सोना आग में जलकर चमकता हुआ बाहर निकलता है, उसी प्रकार ज़हर पीकर मेरा प्रेम और अधिक गहरा हो गया है।

अब मेरे लिए लोकलाज और कुल के सम्मान का कोई महत्त्व नहीं रहा। मैंने इन सबको वैसे ही बहा दिया है जैसे पानी का बहा दिया जाता है।

राणा जी मैं तो कहती हूँ कि अपने घर का परदा कर लो, मेरा कोई भरोसा नहीं, मैं अबला बौरा गई हूँ। श्रीकृष्ण के प्रेम के तरकस का तीर मेरे हृदय में बिंध गया है और मैं पगला गई हूँ। मैंने अपना तन-मन सर्वस्व संतों पर न्योछावर कर दिया है और हरि के चरण कमलों से लिपट गई हूँ।

हे मीरां के प्रभु! मुझे अपनी दासी जानकर अपने चरणों में स्थान दे दो, अब और कहीं मन नहीं लगता।

राम नाम जप लीजै प्रानी

राम नाम जप लीजै प्रानी
कोटिक पाप कटै रे।

जनम जनम के खत जु पुराने
नामहिं लेत फटे रे।

कनक कटोरे इम्रत भरियौ
पीवत कौन नटै रे।

मीरां कहै प्रभु हरि अविनासी,
तन मन ताहि पटै रे।

हे प्राणी! तू राम का ही स्मरण कर। राम-नाम का स्मरण करने से तेरे करोड़ों पाप भी समाप्त हो जाएँगे।

बहुत दिनों से तुम्हारे खाते में (जन्म-जन्मांतरों से तुम्हारे नाम) जो पापों का हिसाब-किताब लिखा हुआ है, राम का नाम लेते ही वे सभी खाते स्वयं फट जाते हैं।

मीरां कहती हैं कि स्वर्ण पात्र में अमृत भरा हुआ है, वह कौन मूर्ख प्राणी होगा, जो उस अमृत का पान करने से इनकार कर दे।

मीरां कहती हैं कि मुझे जबसे अविनाशी ईश्वर प्राप्त हुआ है, तबसे मेरा तन, मन, आत्मा सब एक हो गए हैं। मेरे मन का द्वंद्व समाप्त हो गया है। वे जो खंड-खंड मेरे भीतर थे, वे समाप्त हो गए हैं। मैं अखंड हो गई हूँ।

राम नाम रस पीजै

राम-नाम रस पीजै मनुआँ,
राम-नाम रस पीजै।

तज कुसंग सतसंग बैठि नित,
हरि चरचा सुण लीजै।

काम, क्रोध, मद, मोह लोभ कूँ,
चित्त से बहाय दीजै।

मीरां के प्रभु गिरधर नागर,
ताहि के रंग में भीजै।

हे मन! राम-नाम के रस का पान कर। तू राम के नाम का रस-पान कर। (यहाँ राम का अभिप्राय है, जिसमें रम गया। मीरां के लिए इसका अर्थ श्रीकृष्ण ही है)

हे मन! तू कुसंग का परित्याग कर अर्थात् दुष्ट प्रकृति के व्यक्तियों का साथ छोड़ दे और नित्यप्रति साधु-संतों की संगति कर। तू वहाँ बैठ, जहाँ प्रभु का गुण-गान सुनने को मिले।

मेरा सुझाव है कि पंच विकारों अर्थात् काम, क्रोध, मद, मोह और लोभ से अपने चित्त को दूर करने का प्रयास करो।

मीरां कहती हैं कि हमारे प्रभु तो गिरिधर नागर श्रीकृष्ण हैं। हमें उन्हीं के रंग में अपने आपको लीन (निमग्न) कर देना चाहिए।

रूप देख अटकी

रूप देख अटकी, तेरो रूप देख अटकी।
देह तें बिदेह भई, ढुरि सिर मटकी।

मात-पिता भ्रात-बंधु, सब ही मिल हटकी।
हिरदा तें टरत नाहिं मूरति नागर नट की।

प्रगट भयो पूरन नेह लोक जाने भटकी।
मीरां प्रभु गिरधर बिन, कौन लेह घटकी।

मेरे मनमोहन, आज आपका रूप देखकर मैं तो स्तंभित हो गई हूँ। आपके रूप के जादू ने मुझे देह से विदेह बना दिया है और सिर की मटकी दूर जा पड़ी है।

माता, पिता भाई और बंधु–सभी ने मिलकर मुझे चेताया था कि आपके रास्ते से हट जाऊँ किंतु मैं क्या करती? मेरे हृदय में नट नागर की मूरत इस प्रकार घर कर चुकी थी कि उसे वहाँ से हटाना संभव नहीं।

इस तरह आपके प्रति जो प्रीत है, वह सब पर प्रकट हो गई है। लोगों का विचार है कि मैं भटक गई हूँ। जबकि सचाई यह है कि मेरी सारी भटकन दूर हो गई है। मीरां कहती है कि मेरी जो मन:स्थिति हो गई है, हे प्रभु गिरिधर, आपके अतिरिक्त और किसमें समझने की क्षमता है।

लगन हमारी स्याम सूँ

लगन हमारी स्याम सूँ लागी,
नैना निरख सुख पाय।
साजाँ सिंगार सुहाना सजनी,
प्रीतम मिल्याँ धाय।

बरणा बरयाँ बापुरो,
जणम्या जनम नसाय।
बरयाँ साजन साँवरो री,
म्हारो चुड़लो अमर हो जाय।
जनम जनम रो काण्डहो
म्हारी प्रीत बुझाय।

मीरां रे प्रभु हरि अबिनासी,
कबरे मिलस्यो आय।

भक्तिन मीरां कहती हैं—मेरी लगन श्याम से जा लगी है। उसे ही निरखकर नैनों को सुख प्राप्त होता है। मेरी सजनी, मैं सुहाना श्रृंगार करके खूब सजी हुई थी, प्रीतम दौड़कर मुझसे मिलने आ गए।

ऐसे किसी व्यक्ति को वर के रूप में वरण करना कहाँ तक उचित है, जो जन्म लेता है फिर मर जाता है। मेरी सजनी, मैंने तो साँवरे का वर के रूप में वरण किया है, ताकि मेरा चूड़ा अमर हो जाए। जनम-जनम से ऐसा वर ही मेरे प्रेम की प्यास बुझाने में सक्षम है।

हे मीरां के अविनाशी प्रभु, बताओ, कब आकर मिलोगो और मेरे स्वरूप को साकार करोगे।

लाज बैरन भई

सखी री लाज बैरन भई।
श्रीलाल गोपाल के संग,
काहे नाहीं गई।

कठिन क्रूर अक्रूर आयो,
साजि रथ कहँ नई।
रथ चढ़ाय गोपाल लैगो,
हाथ मींजत रही।

कठिन छाती स्याम बिछुरत,
बिरह तें तन तई।
दासी मीरां लाल गिरिधर,
बिखर क्यूँ न गई।

हे सखी, लाज ही मेरी दुश्मन बन गई है। इसी लाज के कारण मैं कान्हा को सामने देखकर ठिठक गई। अब पछता रही हूँ कि मैं अपने श्रीलाल गोपाल के संग चली क्यों नहीं गई।

यह अक्रूर कितना क्रूर और कठोर है, जो यहाँ आकर सजे रथ में कृष्ण को लेकर चला गया है। गोपाल को रथ में चढ़ाकर वह मेरे सामने से निकल गया और मैं लाज के मारे चुपचाप खड़ी-खड़ी हाथ मलती रही।

समझ में नहीं आता कि मेरा यह हृदय इतना कठोर कैसे हो गया। गिरिधर लाल की दासी मीरां को आश्चर्य होता है कि उनके बिछड़ने पर यह हृदय केवल दुखी होकर रह गया, जबकि इसे तो भग्न होकर बिखर जाना चाहिए था। (यह मेरे हृदय की कठोरता नहीं तो और क्या है।)

सइयाँ, तुम बिणि नींद न आवै हो

सइयाँ, तुम बिणि नींद न आवै हो।

पलक-पलक मोहि जुग से बीतें,
छिनि-छिनि बिरह जरावै हो।
प्रीतम बिणि तिमि जाइ न सजनी,
दीपक भवन न भावै हो।

फूलन सेज सूल ह़ोइ लागी,
जागत रैणि बिहावै हो।
कासूँ कहूँ कुण मान मेरी,
कहयाँ न को पतियाव हो।

प्रीतम-पनंग डस्यो कर मेरो,
लहरि-लहरि जिव जावै हो।

दादर मोर पपइया बोले,
कोइल सबद सुणावै हो।
उमगि घटा घन ऊलरि आई,
बीजू चमक डरावै हो।

है कोइ जग में राम सनेही,
ऐ उरि साल मिटावै हो।
मीरां के प्रभु हरि अविनासी,
नैणां देख्यां भावै हो।

हे स्वामी! मुझे तुम्हारे बिना नींद नहीं आती।

तुम्हारे वियोग का एक-एक पल मेरे लिए एक-एक युग के समान व्यतीत हो रहा है। प्रत्येक क्षण वियोग की आग मुझे जलाती रहती है। हे सखी! प्रियतम के बिना मेरे भवन का अंधकार दूर नहीं होता और मुझे प्रकाश के लिए भवन में दीपक जलाना भी अच्छा नहीं लगता।

श्याम के विरह में फूलों की शैया शूलों जैसी कष्टदायी प्रतीत होती है। सारी रात जागते हुए बीतती है। मैं अपनी व्यथा किससे कहूँ? मेरी बात कौन मानेगा? कहने से कोई विश्वास भी तो नहीं करेगा।

प्रियतम रूपी सर्प ने मेरे हाथ में डस लिया है, जिससे विष लहरा-लहरा कर शरीर में फैल गया है। अब मेरे प्राण निकलने ही वाले हैं।

(इधर पावस ऋतु आ गई है) दादुर, मोर, पपीहा बोलने लगे हैं। कोयल मधुर शब्द सुना रही है। आकाश में बादलों की घटाएँ उमड़-घुमड़कर झुक आई हैं। उनमें चमकती बिजलियाँ अपनी चमक से भयभीत कर रही हैं।

क्या संसार में कोई ऐसा भक्त है, जो मेरे हृदय की पीड़ा को दूर करे। मीरां कहती हैं कि हे अविनाशी प्रभु! मेरी आँखें आपकी रूप-माधुरी को निरंतर देखते रहना चाहती हैं।

सखी री! मेरी नींद नसानी हो

सखी री! मेरी नींद नसानी हो।
पिया को पंथ निहारत, सब रैन बिहानी हो।

सखियन मिलके सीख दई, मन एक न मानी हो।
बिन देखे कल ना पड़ै, मन रोसणा ठानी हो।

अंग क्षीण व्याकुल भई, मुख पिय-पिय बानी हो।
अंतर वेद विरह की, म्हारी पीड़ न जानी हो।

ज्यों चातक घन की रटै, मछरी जिम पानी हो।
मीरां व्याकुल विरहिणी सुध-बुध बिसरानी हो।

हे सखी! श्रीकृष्ण के वियोग में तो मेरी नींद ही नष्ट हो गई है। प्रिय के आने की राह देखते-देखते ही सारी रात बीत गई।

सभी सखियों ने मुझे अनेक प्रकार से समझाया किंतु मन ने एक न मानी। श्याम को देखे बिना मुझे एक पल को भी चैन नहीं मिलता। अब तो मैंने मन-ही-मन उनसे रूठने (प्रणय-मान) का निश्चय कर लिया है।

कृष्ण के बिना मेरा अंग-अंग क्षीण हो गया है। मैं बेचैन रहती हूँ और मेरे मुख से प्रियतम का ही नाम निकलता है। मेरे विरह की इस दारुण पीड़ा को किसी ने नहीं जाना।

जिस प्रकार प्यासा चातक स्वाति-घन के लिए रट लगाता है और मछली पानी के लिए तड़पती रहती है, उसी प्रकार मैं अपने प्राणों के आधार श्रीकृष्ण के लिए व्याकुल हूँ।

मीरां अपने प्रियतम श्रीकृष्ण के विरह में व्याकुल है और उनके विरह की पीड़ा को सहते-सहते उसने अपनी सुध-बुध और चेतना भी खो दी है।

साँवरी सूरत मन रे बसी

साँवरी सूरत मन रे बसी।
गिरधर ध्यान धराँ निसबासर,
मन मोहन म्हारे बसी।

कहा कराँ कित जावाँ सजणी,
म्हातो स्याम डसी।
मीरां रे प्रभु कबरे मिलोगे,
नित नव प्रीत रसी।

प्यारे श्रीकृष्ण की साँवरी सूरत मेरे मन में बस गई है। उसके अतिरिक्त किसी की याद नहीं आती। दिन-रात केवल गिरिधर गोपाल का ही ध्यान धरती हूँ। मेरे मन में एक मोहन ही बसा हुआ है।

मुझ पर मेरा ही बस नहीं, क्या करूँ, कहाँ जाऊँ, कुछ भी समझ नहीं आता। सखी, मुझे श्याम ने डस लिया है। उनका प्रेम-रस मेरे अंग-अंग में व्याप्त हो गया है। हे मीरां के प्रभु, कब आकर मिलोगे, तुम्हारी चिर-नवीन प्रीत में मैं रच-बस गई हूँ।

साँवरे के रंग राँची

माई साँवरे रंग राँची।
साज-सिंगार बाँध पग घूँघर,
लोक-लाज तज नाँची।

गयाँ कुमत लयाँ साधाँ,
संगत स्याम प्रीत जग साँची।
गायाँ-गायाँ हरि-गुण निसदिन,
काल-व्याल री बाँची।

श्याम बिना जग साराँ लागाँ
जगरी बाताँ काँची।
मीरां सिरी गिरधर नटनागर,
भगति रसीली जाँची।

मेरी माई, मैं श्याम के साँवरे रंग में रच-बस गई हूँ। अब उनका प्रेम ही मेरा सर्वस्व है। मैंने साज-सिंगार करके पाँव में घुँघरू बाँध लिए और लोकलाज भुलाकर अपने श्याम के सम्मुख खूब नाचती हूँ।

साधुओं के सान्निध्य में क्या गई, मेरी कुमति जाती रही। अब मैं जान गई हूँ कि एकमात्र श्याम की प्रीति ही जगत में सच्ची है। बस, मैं दिन-रात हरि का गुण ही गाती हूँ। यही कारण है कि मैं काल के व्याल से सुरक्षित हूँ।

श्याम के बिना यह सारा जग सारहीन प्रतीत होता है, जग की सारी बातें लक्ष्यहीन लगती हैं। श्याम की प्रीत में संसार की मोह-माया से मन उचाट हो जाता है। मीरां कहती है कि हे श्री गिरिध र नटनागर, तुम्हारा रंग मुझ पर ऐसा चढ़ गया है कि एक तुम्हारी रसीली भक्ति ही जँचती है।

साजन घर आया हो

सहेलियाँ साजन घर आया हो।
बहोत दिना की जोवती, बिरहिन पिव पाया हो।

रतन करूँ नेछावरी, ले आरति साजूँ हो।
पिया का दिया सनेसड़ा ताहि बहोत निवाजूँ हो।

पाँच सखी इकट्ठी भई, मिलि मंगल गावै हो।
पिय की रती बधावणाँ आनंद अंगि न पावै हो।

हरि सागर तू नेहरो, नेणा बाँध्यो सनेह हो।
मीरां सखी के आँगणै, दूधाँ बूँठा से हो।

मेरी प्यारी सहेलियो, मेरा साजन घर आया है। बहुत दिनों से मैं उसकी बाट जोहती थी। आज मेरी प्रतीक्षा रंग लाई है। मुझ विरहिणी को पिया की प्राप्ति हुई।

मैं उस पर रत्न न्योछावर करती हूँ और सुंदर आरती से उसकी आरती उतारती हूँ। पिया का संदेश देनेवाला बड़ा दयालु है।

मेरी पाँचों इंद्रियाँ एकत्र होकर पुलकित हो गईं और मिल-जुलकर मंगलगान गाने लगी हैं। मैं अपने पिया को मांगलिक बधाइयाँ दे रही हूँ। आनंद मेरे अंगों में समाए नहीं समा रहा है।

मेरे हरि, तू नेह का सागर है। तुम्हारे स्नेह से मेरी आँखें जुड़ गई हैं। मीरां कहती है, मेरी सखी मेरे आँगन में आज बहार छा गई है। वहाँ चारों तरफ दूध की बूँदें बरस रही हैं।

साजन, घर आवो जी

साजन घर आवो जी मिठबोला।
कब की ठाढ़ी पंथ निहारूँ, थांही आयाँ होसी भला।

आवो निसंक संक मत मानो, आयौ ही सुख रहला।
तन-मन वार करूँ न्योछावर, दीजो स्याम मोहेला।

आतुर बहोत विलम नहीं करनाँ, आयाँ ही रंग रहेला।
तेरे कारण सब रंग त्यागा, काजल तिलक तमोला।

तुम देख्याँ बिन कल न परत है, कर धर रही कपोला।
मीरां दासी जनम-जनम की, दिल की घुंडी खोला।

मेरे मिठबोले साजन, मेरे घर आओ जी। मैं कब से खड़ी पंथ निहार ही हूँ। सच! आपके आगमन पर मेरा बहुत भला होगा।

आप निश्शंक होकर आ जाओ। चित्त में किसी प्रकार की शंका करने की आवश्यकता नहीं। आप क्या जानो, आपके आगमन पर मेरा सुख निर्भर करता है। मेरे श्याम, मैं आप पर तन-मन, सर्वस्व न्योछावर करती हूँ। दर्शन देकर कृतार्थ करो।

आपका दर्शन पाने को मैं बहुत आतुर हूँ। अब विलंब न करो। आपके आने से चारों ओर खुशियाँ छा जाएँगी। आपके कारण मैंने सारे शृंगार त्याग दिए हैं। काजल-तिलक लगाना और पान खाना तक छोड़ दिया है।

आपको देखे बिना चैन नहीं पड़ता। बस, आपके ध्यान में गालों पर हथेली धरे बैठी रहती हूँ। मीरां तो आपकी जनम-जनम की दासी है। दिल की गाँठ खोलकर मेरे पास आओ और दर्शन देकर मेरा जीवन सार्थक करो।

सुण्यारी म्हारे हरि अपांगा

सुण्यारी म्हारे हरि अपांगा आज।
म्हैलां चढ़-चढ़ जोवाँ सजणी,
कब आवाँ महाराज।

दादुर मोर पपीहा बोल्याँ,
कोइल मधुराँ साज।
उमग्याँ इंद्र चहूँ दिस बरसाँ,
दामण छोडयाँ लाज।

मीरां रे प्रभु गिरधर नागर,
बेग मिल्यो महाराज।

अरी सखी, सुनती हूँ, आज हरि मेरे घर आनेवाले हैं। मेरी सजनी, मैं बार-बार महलों की छत पर चढ़कर उनका पथ निहारती हूँ। पता नहीं मेरे स्वामी कब आएँगे?

सावन आ गया है। मेढक, मोर और पपीहा बोलने लगे हैं। कोयल की मधुर तान सुनाई देती है। इंद्र उमड़ पड़ा है और चारों दिशाओं में बरस रहा है। दामन भीगकर अपनी लाज तक भूल गया है।

मीरां के गिरिधर नागर प्रभु! आप आकर मुझसे शीघ्र मिलिए, ताकि मेरा रूप भी नया-नया-सा हो जाए।

सुन्यो अरज महाराज

हरि म्हारो सुन्यो अरज महाराज।
मैं अबला बल नाहिं,
गोसाई, रखो अबके लाज।

रावरी होई कणीरे जाऊँ,
है हरि हिवडारो साज।

हयको वपु धरि दैत संधार्‌यो,
सार्‌यों देवन को काज।
मीरां रे प्रभु और न कोई,
तुम मेरे सिरताज।

मेरे हरि, मेरी विनती सुन लो। महाराजा, मेरे गोसाईं, मैं निपट अबला हूँ, मुझमें तनिक भी बल नहीं, आप मेरी लाज रखना।

आपकी कृपादृष्टि बनी रही तो इस अबला को भी संरक्षण मिल जाएगा और कोई हानि पहुँचाने का साहस भी नहीं कर सकेगा। मैंने स्वयं को आपको सौंप दिया है, मैं संपूर्ण तुम्हारी हूँ। अत: आपके सिवा और मैं किसके पास जा सकती हूँ। मेरे हृदय की शोभा तो हरि ही हैं।

आपने हय का रूप धारण कर दैत्यों का संहार किया और देवों का काम सँवारा था। मैं सच कहती हूँ, आपके अतिरिक्त मेरा और स्वामी नहीं है। आप ही मेरे सिरताज हो। अत: जैसे आपने अपने भक्तों का उद्धार किया, उसी प्रकार मुझ अबला की लाज भी रखना।

स्याम बिना दुख पाऊँ

स्याम बिण दुख पावाँ सजनी।
कण म्हा धीर बँधावाँ।
यौ संसार कुबधि रो भाँडो,
साध संगत णा भावाँ।

सांधा जणरी निंद्या ठाणाँ,
करमरा कुगत कुमांवाँ।
राम नाम बिनि मकुति न पावाँ,
फिर चौरासी जाबाँ।

साध संगत माँ भूल णा जावाँ,
मूरख जणम गमावाँ।
मीरां रे प्रभु थारी सरणाँ,
जीव परमपद पावाँ।

मेरी सखी, मैं श्याम के बिना बहुत दुःख पा रही हूँ। दूसरा और कौन है, जो मुझे धैर्य बँधाएगा। यह संसार तो मानो दुर्बुद्धि का घर है। इसे साधु की संगत नहीं भाती।

लोग साधुजन की निंदा करते हैं और बुरे कर्मों को प्राप्त होते हैं। इनको क्या पता कि राम नाम के बिना मुक्ति मिलना संभव नहीं। पुनः निरंतर योनियों के आवागमन में लिप्त रहना पड़ेगा।

भूलकर भी साधुओं की संगत में नहीं जाने वाले लोग अपने जीवन को निरर्थक कर देते हैं। हे मीरां के प्रभु गिरिधर नागर! जो तेरे चरणों में आश्रय लेता है, वह परमधाम को प्राप्त होता है।

स्याम बिना रह्या न जावाँ

स्याम बिना सखि रह्या न जावाँ।

तन-मन जीवन प्रीतम बार्‌या,
थारे रूप लुभावाँ।
खान-पान म्हांने फीका सो लागाँ,
नैना रहाँ मुरझावाँ।

निस दिन जोवाँ बाट मुरारी,
कबरो दरसण पावाँ।
बार-बार थारी अरजा करसूँ,
रैन गवाँ, दिन जावाँ।

मीरां रे हरि थे मिलियाँ बिन
तरस-तरस जिया जावाँ।

हे सखी! श्याम के बिना अब रहा नहीं जाता।

हे प्रभु! आपके रूप पर मुग्ध होकर मैंने तन, मन, जीवन सब कुछ न्यौछावर कर दिया है। अब तो आपके बिना मुझे खान-पान भी नीरस प्रतीत होता है। आपकी प्रतीक्षा करते-करते मेरे नेत्र भी मुरझा गए हैं।

मैं रात-दिन आपकी बाट जोहती रहती हूँ। हे मुरारी! मुझे दर्शन कब दोगे? आपसे बार-बार निवेदन करते हुए मेरी रात तो व्यतीत हो गई और अब दिन भी व्यतीत हो रहा है।

मीरां कहती हैं कि श्रीकृष्ण से मिले बिना मेरे प्राण तरस-तरस कर निकल रहे हैं।

हरि तुम हर्यो

हरि तुम हर्यो जन की भीर।
द्रौपदी की लाज राखी,
तुम बढ़ायाँ चीर।

भगत कारण रूप नरहरि,
धर्यां आप सरीर।
बूढ़ताँ गजराज राख्याँ,
कट्याँ कुंजर भीर।

दासि मीरां लाल गिरधर,
हरौं म्हारी भीर।

मेरे हरि, कौन नहीं जानता कि आप सदैव भक्तों के संकट हरते हो। द्रौपदी की लाज रखने के लिए आपने उसका चीर बढ़ा दिया।

भगत की रक्षा करने हेतु ही आपने अपने शरीर में नरहरि का रूप धारण किया। डूबते हुए गजराज की रक्षा की और उसके संकटों का नाश किया।

मेरे लाल गिरधर, यह मीरां तो आपकी जनम-जनम की दासी है, अतः आप मेरे संकट को भी हर लीजिए।

हरि बिन कूंण गति मेरी

हरि बिन कूंण गती मेरी

तुम मेरे प्रतिपाल कहिए, मैं रावरी चेरी।
आदि अंत निज नाँव तेरो, हिया में फेरी।

बेरि-बेरि पुकार कहूँ, प्रभु आरति है तेरी।
या संसार बिकार सागर, बीच में घेरी।

नाव फाटी प्रभु पाल बाँधो, बूड़त है बेरी।
बिरहणि पिव की बाट जोवै, राखिल्यो नेरी।

दासी मीरां लाल गिरधर, सरणि हूँ तेरी।

हे भगवान्! आपके बिना मेरी कोई गति नहीं है। अर्थात् आपके अतिरिक्त मेरा कोई सहारा नहीं है।

आप ही मेरे प्रतिपालक हैं और मैं आपकी दासी हूँ। मैं रात-दिन अपने हृद्य में आपके ही नाम का स्मरण करती रहती हूँ।

मैं आपको बार-बार पुकारती हूँ। मुझे आपके दर्शनों की प्रबल लालसा लगी हुई है, इस कारण मैं निरंतर व्याकुल रहती हूँ। यह अनेक प्रकार के विकारों का अथाह सागर है, जिसके बीच में मैं घिर गई हूँ।

मेरी नाव टूटी हुई है, जिसके कारण मेरा बेड़ा अब डूबने ही वाला है। हे प्रभु, आप बिना किसी देर के इसका पाल बाँधिए। आपकी यह विरहिणी प्रिया निरंतर आपकी बाट जोहती है। अत: आप इसे अपने निकट ही रखिए।

हे गिरिधर गोपाल, आपकी दासी यह मीरां अनन्य भाव से आपकी शरण में आई है।

हरि मेरे जीवन प्राण अधार

हरि! मेरे जीवन प्राण अधार।
और आसिरो नाहिन तुम बिन,
तीनूं लोक मँझार।

आप बिना मोहि कछु न सुहावै
निरख्यौ सब संसार।

मीरां कहै मैं दासि रावरी
दीज्यौ मती बिसार।

हे कृष्ण! आप ही मेरे जीवन और प्राणों के आधार हैं।

हे प्रभु, इन तीनों लोकों में आपके अतिरिक्त मेरा कोई दूसरा सहारा नहीं है।

आपके बिना मुझे कुछ भी अच्छा नहीं लगता है। सारे संसार को भली-भाँति देखकर और परखकर मैंने इस बात को जान लिया है।

मीरां कहती हैं कि मैं तो आपकी दासी हूँ, अतः आप मुझे भूल मत जाइएगा।

हेरी मैं तो प्रेम दिवानी

हेरी मैं तो प्रेम दिवानी,
मेरो दरद न जाने कोई।

सूली ऊपर सेज हमारी,
किस विध सोना होय।

गगन मंडल पै सेज पिया की,
किस बिध मिलना होय।

घायल की गति घायल जाने,
की जिन लाई होय।

जौहरी की गति जौहरी जाने,
कि जिन जौहर होय।

दरद की मारी वन-वन डोलूँ,
बैद मिला नहिं कोय।

मीरां की प्रभु पीर मिटैगी,
जब बैद साँवलिया होय।

मीरांबाई कहती हैं कि मैं तो गिरिधर गोपाल श्रीकृष्ण के प्रेम की दीवानी हूँ। इस दीवानेपन के दर्द को मेरे अतिरिक्त कोई भी नहीं जानता।

मेरी शैया (सांसारिक वासनाओं के) कष्टों से भरी हुई है। सांसारिक वासनाओं के रहते हुए किस प्रकार चैन की नींद आ सकती है?

मेरे प्रियतम की सेज (शैया) तो आकाश में है। किस मार्ग से पहुँचा जाए? जब मार्ग का पता नहीं है तो मिलन भी संभव नहीं है।

प्रेम की पीड़ा का अनुभव वही कर सकता है, जो स्वयं प्रेम की पीड़ा से पीड़ित हो अथवा जिसने वह पीड़ा दी हो।

रत्न का मूल्य जौहरी ही जानता है अथवा वह जिसके पास रत्न हो। (उसी प्रकार अपने दर्द की महत्ता और गंभीरता को मैं ही जानती हूँ।)

प्रेम की पीड़ा से व्यथित होकर मैं वन-वन में डोल रही हूँ, परंतु इसका उपचार करने वाला वैद्य मुझे कोई नहीं मिला।

मीरां की यह प्रेम-पीर तो तभी मिटेगी जब साँवलिया स्वयं वैद्य बनकर आएँगे।

होरी खेलत है गिरधारी

होरी खेलत है गिरधारी।
मुरली चंग बजत डफ न्यारो,
संग जुबति वज्रनारी।

चंदन केसर छिरकत मोहन,
अपने हाथ बिहारी।
भरि-भरि मूठि गुलाल लाल चहुँ,
देत सबन पै डारी।
छैल छबीले नबल कान्ह संग,
स्यामा प्राण पियारी।

गावत चार धमार राग,
तैंहू दै दै कल करतारी।
फागु जू खेलत रसिक साँवरो,
बाढ्यो रस ब्रज भारी।
मीरां रे प्रभु गिरधरनागर,
मोहन लाल बिहारी।

मेरा गिरधारी होली खेल रहा है। मुरली, चंग और डफ के निराले स्वर गूँज रहे हैं, इनकी ताल पर ब्रज की युवतियाँ गा रही हैं और नाच रही हैं।

अपने ही हाथों से मोहन चंदन व केसर छिड़क रहे हैं। अपनी मुट्ठियों में लाल गुलाल भर-भरकर चारों ओर सब पर डाल रहे हैं। छैल-छबीले नवल कान्हा के साथ प्राण

प्यारी राधा भी हैं।

सब हाथों से तालियाँ बजा-बजाकर धमार राग की धुन पर गा रहे हैं। रसिक साँवरा झूम-झूमकर जिस विधि से फाग खेल रहा है उसके कारण ब्रज में भारी उल्लास छा गया है।

मीरां के गिरिधर नागर प्रभु! कान्हा की छवि बड़ी अद्‌भुत है। वह मोहने वाला है, वह लाल भी है।

होली पिया बिन लागाँ री खारी

होली पिया बिन लागाँ री खारी।
सूनो गाँव देस सब सूनो, सूनी सेज अटारी।
सूनी बिरहन पिब बिन डोलें, तज गया पीव पियारी।
बिरहा दुख मारी।

देस बिदेसा ना जावा म्हारो अंदेशा भारी।
गणताँ-गणताँ घिस गयाँ रेखाँ, आँगरियाँ सारी।
आया णा री मुरारी

बाज्यों झाँझ मृदंग मुरलिया, बाज्याँ कर इकतारी।
आयाँ बसंत पिया घर नाही, म्हारी पीड़ा भारी।
श्याम क्यांरी बिसारी।

ठांडी अरज कराँ गिरधारी, राख्याँ लाज हमारी।
मीरां रे प्रभु मिलज्यो माधो, जनम-जनम री क्वांरी।
मने लागी सरन तारी।

हे सखी, पिया के बिन होली सारहीन और फीकी प्रतीत होती है। उनके न रहने के कारण पूरा गाँव, देश और मेरी शैया और अटारी तक सूने पड़ गए हैं। मेरा यह हाल हो गया है कि सूनी विरहनि की भाँति अपने प्रियतम के वियोग में इधर-उधर डोल रही हूँ। हे प्यारी सखी, मेरा प्रियतम मुझे छोड़कर चला गया है। विरह की वेदना मुझे मारे दे रही है।

मैं देश-विदेश नहीं जा सकती। मुझे इस संबंध में भी

शंका है कि मैं उन्हें खोज पाऊँगी या नहीं। उनके आने के दिन गिनते-गिनते हाथों की सारी रेखाएँ तक घिस गई हैं। किंतु अभी तक मेरा मुरारी नहीं आया।

झाँझ, मृदंग, मुरली और इकतारा बज रहे हैं। हे मेरी सखी, बसंत आ गया किंतु प्रियतम नहीं आए। इस कारण मैं भारी अवसाद में घिर गई हूँ। मेरी समझ में नहीं आता कि मेरे प्यारे श्याम ने मुझे क्यों भुला दिया है।

हे गिरिधारी मैं खड़ी-खड़ी आपसे विनती करती हूँ कि आप आकर मेरी लाज बचा लीजिए। हे मीरां के प्रभु, मेरे माधव मैं आपकी आस में अब तक कुँआरी बैठी हुई हूँ। मुझे अपनी शरण में ले लीजिए। आपके अतिरिक्त मेरा और कोई नहीं है।